ディズニーランドはなぜお客様の心をつかんで離さないのか

”ひとり勝ちサービス“のノウハウをすべて教えます！

芳中　晃
Akira Yoshinaka

中経出版

はじめに

サービス業における日本は、「発展途上国」だと言われています。特に日本発のテーマパークはことごとく失敗しています。この原因は、実際にサービスを提供する運営側にあるのではなく、企画・開発・経営側にあるのです。

なぜならば日本では、「目に見える数字」や「目に見えるもの」を重視して、プロジェクトが企画され、実行されます。しかし本当に大切なことは、「目に見えない部分」なのです。特にサービス業では、これが成功と失敗を左右するとても大事なものなのです。

本書では、この「目に見えない部分」にスポットをあてました。もちろん、サービス業で成功するためには「リピーターの獲得」が第一です。そのために必要な「目に見えない大事な部分」について、実体験をもとにまとめたものです。読者のみなさんが一人でも多くのお客様の心をつかみ、成功を収められることに貢献できれば幸いです。

二〇〇四年二月

著　者

第3章 大事なものは目に見えない

第4章 バックステージをつくる

第5章　教育とトレーニングはこうする！

本文イラストレーション／宇多川友恵

●プロローグ
ディズニーとの出会いは、感動の日々を与えてくれた

アメリカのマイアミにいた私に、次のようなニュースが飛び込んできました。

一九七九年四月三十日、ディズニー社とオリエンタルランド社　基本契約締結完了

一九七九年六月、アメリカのフロリダ州マイアミ市にあるFLORIDA INTERNATIONAL UNIVERSITYを卒業したばかりの私は、就職のインタビューを受けるため、オーランド市にあるWALT・DISNEY・WORLD（米・ディズニーワールド）に向かっていました。

車を六時間ほど運転したころ、突然周りの景色が変わってきたのです。「もしかして、ディズニーワールドの敷地に入ったのかな……」と思いながら、ふと、昔の記憶がよみ

がえりました。

テレビで流れたディズニーの番組をはじめて観たときのこと。それを食い入るように観ていた小学生だった自分。ワクワクしながらも、最後は今まで味わったことのないような満足感。そして「もう一度観たい！」という気持ち。


今、自分がその番組をつくった会社で働くために、就職の面接を受けに来ている

駐車場が視界に入るころには全身に緊張が走りつつも、心が高鳴り、胸がワクワクしていたのを今でも鮮明に覚えています。

駐車場のチケットブースで、キャストの人に面接を受けに来たことを告げると、「OK」と面接会場の地図を差し出してくれました。礼を言いながら地図を受け取ると、

「Ｇｏｏｄ　Ｌｕｃｋ！」

と満面の笑顔で励ましてくれました。その一言と笑顔。さっきまでの緊張が嘘のように消え去ったことはもちろん、その笑顔のおかげで次第にリラックスしてきました。

そうです。彼の笑顔は私の笑顔を取り戻してくれたのです。

もちろん、米・ディズニーワールドの人事部のキャストも笑顔で迎えてくれました。面接を受けに来た私が、そこでどのような応接をされたのかは、本書にあるとおりです。

面接のときから、いや、正確には面接を受ける前から、「ここはすごい!」と感銘を受けていたのです。


「こんな素晴らしい会社で働けたら、どれほど楽しいだろう!」

就職後、研修でオンステージやバックステージを見学し、ディズニーのコンセプトや教育方針、施設のつくり方など、ありとあらゆることに、日々新しい感動に出会う楽しい自分がいる毎日でした。そして日本にできるディズニーランドのプロジェクトのことを考えながら仕事をするうちに、こんな風にも考えるようになりました。

日本にこれができるのなら、今までの日本の遊園地のつくり方を根本的に改革できる、本来の遊園地の楽しさが味わえる、と。

日本へ帰国後、私は夢を実現するべく、オリエンタルランド社に入社したのです。

私が東京ディズニーランドにかかわりはじめたのは、まだ研修の第一陣がカリフォルニアにあるディズニーランドで頑張っているときでした。私の開業前の主な業務は、食堂部の教育・トレーニングとマニュアル作成です。

当時の私の机の上は、少し大きな地震が来れば資料が崩れて圧迫死するだろうというくらい、英語の資料が山積みになっていました。一カ月の平均残業時間は二〇〇時間を超え、イスがベッドに代わることもしばしば。仕事は想像を絶するほど忙しかったのですが、すべてが楽しくて楽しくて仕方ありませんでした。

そのころはまだ、ディズニー勤務経験者などいなかったので、経験のあった私には、毎日たくさんの質問が飛んできました。

質問をしてくる人たちは、誰もが期待に目を輝かせながら、吸収できるものはすべて吸収しようという真剣な面持ちでした。社内には楽しそうなディズニーの雰囲気が漂いつつも、どこかピリッとした緊張感があったのです。

一九八〇年十二月、建設工事着工

現地の浦安へ行ったことがなかった私は、東京ディズニーランドが計画されている敷地を見るため、ワクワクする気持ちを抑えながら、ヘルメットを片手に現地へ向かいました。

ところがそのころの浦安は、現在からは想像もできないほど……何もありませんでした。さらにその浦安駅から車で一五分ほど離れたところに、土のほかにはまったく何もない広大な敷地がありました。

そう、その敷地こそが、現在の東京ディズニーランドのある場所だったのです。

このようなところに世界有数のテーマパークをつくろうというのですから、当時のマスメディアからは、東京ディズニーランドなんて、本当にできるのか？
あんなところに八〇〇万人なんて人が来るわけがない！

と、こぞって言われていました。実際の業務に携わる私たちも、不安であったことは確かです。

そのような激務と不安の中、私たち従業員のところへちょくちょく笑顔で近寄ってきては、肩をポンと叩きながら、「頑張ってくれよ。君たちが頼りだ！」と、気軽に声をかけてくれる大柄な人がいました。この人こそ、当時の高橋社長（故人）です。

私が米・ディズニーワールドを辞めて、日本のオリエンタルランドへ入社したときの気持ちは、「アメリカよりも優れたディズニーランドをつくる！」というものでした。

ところが、高橋社長にお会いし、会うたびにいつもこのように声をかけてくださるので、いつの間にか私の気持ちが、「この人のために素晴らしいディズニーランドをつくるぞ」に変わっていったのです。私だけでなく、そのころの従業員は、みな同じような気持ちだったと思います。このような自分の情熱すべてを傾けられる人物に出会えたことに、あらためて感謝します。

そのような人たちと一緒につくったのが東京ディズニーランドですから、自慢できるテーマパークができあがったと、心の底から思うことができます。

企業や事業とは、このようにしてつくられるべきだと思いますし、一個人として、そうあってほしいと願います。

オリエンタルランド社での仕事には、十年で区切りをつけました。その後はレストラン開発、大型のスキー場プロジェクト・マネジメント、屋内スキー場プロジェクト、有名なキャラクターを持つテーマパークのプロジェクト・マネジメントを総支配人として手がける機会に恵まれ、滞りなくスムーズに開業・運営できたことを誇りに思っています。

日本はサービス発展途上国だと言われています。しかし目の前には、世界一と言っても過言ではないサービスを提供しているところがあるのです。

なぜ、成功しているのか？
なぜ、たくさんのお客様を集められるのか？
なぜ、帰るときのお客様の顔は、笑顔で満ち足りているのか？
なぜ、「また来ようね！」と思ってもらえるのか？

それらの答えは目の前にあるのです。
本書を読んでくださったみなさんの力が、一人でも多くのお客様を、幸せに満ち足りた気持ちで家路につかせられるようになることを、心より願います。

1

第1章

ディズニーサービスの神髄

サービス業で成功する秘訣

サービス業で成功する秘訣は、リピーターの獲得にあります。現に、一人でも多くのリピーターを獲得しているテーマパークや飲食店が成功を収めています。

それと相反するように、日ごろから不思議に感じている「日本のサービス」が、まったくお客様の心をとらえていないために、せっかくの素材（アトラクションやメニューなど）が生かされず、結局うまくいかずにダメになってしまった事例を嫌というほど見てきました。

お客様の心をとらえて離さない本物のサービスとは何なのでしょうか？

本章では、「サービス」というものをもう一度見つめ直します。第2章以降のお客様の心をとらえるサービスについての基礎的な話になりますので、身近にあるサービスと呼ばれているものをいろいろと思い浮かべながら読んでみてください。

不況知らずのディズニー

不景気とデフレ、リストラが吹き荒れる日本経済の中でも、東京ディズニーリゾートの入園者数は好調が維持され続け、東京ディズニーランドと東京ディズニーシー二つのテーマパークを合わせると、年間およそ二四〇〇万人もの人たちが来園していると言われています。

アメリカの映画産業から出発したディズニーのテーマパークは、全世界の人々から愛され、もちろん日本の人たちからも愛されています。

なぜディズニーは世界中の人々を魅了し、また存続できるのでしょうか？

かつて、ウォルト・ディズニー（Walt E. Disney）はこう言いました。

「人は誰でも、世界中でもっとも素晴らしい場所を夢に見、創造し、デザインし、建設することができる。しかし、その夢を現実のものとするのは、人である」

この言葉にこそ、たとえ不況下でもお客様の心をつかんで離さない、ディズニーのものづくりや経営・運営体制の神髄があると言えます。

ディズニーの理念とテーマ

ディズニーのテーマパークには、「理念」があります。東京ディズニーランドの理念は『ファミリーエンターテインメント』です。『夢と魔法の王国』ではありません。そしてその理念を表現するために五つのテーマを持ったランドが形成され、スタートしました。

もしも『夢と魔法の王国』が理念であったとすると、今ある水飲みの施設が、わざわざ親と子どもが互いを見つめ合いながら飲めるような仕組みで設計されなかったはずです。理念が『ファミリーエンターテインメント』だからこそ、このような施設がつくられているのです。

では、どのようにして『ファミリーエンターテインメント』という理念がテーマパークに構築されたのでしょうか?

テーマを実現するキーワードは「SCSE」

ディズニーにはキーワードがありますが、そもそもキーワードとは何のためにあるのでしょう?

キーワードとは、理念・テーマを実現するための具体的な指針となるものです。ディズニーの場合ですと、「ファミリーエンターテインメント」という理念のもと、その理念とテーマを実現させるために必要なすべてのことが、このキーワードに沿って決められていきます。

ディズニーのキーワードは四つです。四つのキーワードの頭文字をとって「SCSE」と言われています。

一番目のS（SAFETY）は安全性
二番目のC（COURTESY）は礼儀正しさ
三番目のS（SHOW）はショー
四番目のE（EFFICIENCY）は効率

『安全性』とは何か。安心してアトラクションに乗れる。安心して買い物ができる。安心して食事が楽しめる、などなど、お客様が安心して楽しめることをまず第一に考えたサービスを提供することです。

一般企業にたとえると、提供している商品の安全性を第一に考えたビジネスを行うということになります。

『礼儀正しさ』とは、人に対する対応のことです。サービスは人から人に行う行為ですから、そこには守るべきマナーが存在します。一般企業にとってはお客様に直接商品が渡ってしまうので、その商品の社会的礼儀正しさ、つまり社会的に意義のある商品かどうかということになります。

『ショー』とは、エンターテインメントの世界で言う「Show must Go On」のこと。毎日が初演の心構えで演じることが大切です。もちろんその舞台である建物のペイントがはがれていたり、必要な電球が切れていたりすることがあってはならないのです。一般企業では、不良商品を出さないことです。

『効率』とは、できるだけ多くのお客様にパークのエンターテインメントを楽しんでいただくことです。せっかく遊びに来たのにあまりアトラクションを楽しめなかったのでは、テーマパーク本来の意味がありません。一般企業で言えば、生産効率を上げ、購入しやすい価格にする努力をし、多くのお客様に使ってもらうことです。

このように、理念とテーマを実現するために行われる行為すべての指針となるのがキーワードです。

SCSEの重要性

テーマパークの運営にも、ほかのすべての業種と同じように、やはりマニュアルが存在します。マニュアルがテーマパークの運営を維持していく重要なツールであることは明らかですが、マニュアルですべてのことが解決できるわけではありません。

そもそもアクシデントというものは、トップである経営者にとっても、運営する従業員やマネジャーにとっても、突発的に起こるだけではありません。日常的な無意識の行為でも、それが少しずつ火種となって、あるとき突然火を吹くこともあるのです。

突発的なアクシデントに対応することはもちろん、普段から火種をともさないようにするための指針となるのが、この四つのキーワードなのです。

たとえば、従業員がお客様のひざの上にスープをかけてしまいました。

一般のレストランのマニュアルには、何をどのように処理するべきかが、言葉遣いも含めて記載されているはずです。

しかし、突発的なアクシデントやめったに起こらないアクシデントに対しては、頭や身体が慣れていません。気も動転しているわけですから、このようなアクシデントに接した従業員がマニュアルに記載されていたことを思い出しながら、落ち着いて、しかも迅速に対処することなど不可能なのです。マネジャーもそれを求めてはいけません。

ではどうすればいいのでしょうか。

このようなアクシデントに対しても、従業員はたった四つのキーワードを基本にして対処すればいいのです。

S【お客様の安全性は確保できているか】

C【お客様に対して礼儀正しく（気持ちを込めて）対処できているか】

S【お客様に対してショーの楽しさを壊しているようなことはないか】

E【お客様に対して効率よく迅速に対処できているか】

そしてマネジメントの立場からは、これにトラブルを起こした従業員のことを加えて対処すればいいのです。

S【お客様の安全性は確保できているか】
S【従業員の安全性は確保できているか】
C【お客様に対して礼儀正しく（気持ちを込めて）対処できているか】
C【従業員の行為の確認】
S【お客様に対してショーの楽しさを壊しているようなことはないか】
S【従業員の行為の確認】
E【お客様に対して効率よく迅速に対処できているか】
E【従業員は効率よく迅速に対処できているか】

このSCSEを怠った関西のテーマパークは入園者数を激減させ、企業の存続基盤そのものを揺るがせる問題を起こしてしまったことは、みなさんの記憶に新しいのではないでしょうか。

この四つのキーワードが、ディズニーの施設づくりから運営手順など、すべての底辺に流れているのです。それだけでなく、このキーワードを実行することがリスクマネジメントにもつながっているのです。

パートナーの存在

人が財産であることはどの企業でも同じです。存続している立派な企業の社長には、必ずよきパートナーがいます。トップの考えや行動に意見をするパートナーが存在し、それによってトップが自己を正して、組織が健全に存続されていくのです。

これは歴史を見ても明らかです。豊臣秀吉には豊臣秀長が、徳川家康には本多忠勝がいました。ソニーの盛田昭夫氏には井深大氏が、そしてウォルト・ディズニーにはロイ・ディズニーがいたのです。

そうは言っても、そのようなパートナーにめぐり会うことはまれです。しかし、そのパートナーの代わりとなってくれるのが、この四つのキーワードなのです。これは経営者、マネジャー、従業員、アルバイトに関係なく、すべての業種のすべての人たちに該当することです。

困ったとき、迷ったとき、何からどう処理していいのか分からないときは、このキーワードに立ち戻って考えればいいのです。特にサービス業では、このキーワードが判断の基準、行動の指針となるのですから。

その結果、本当ならアクシデントはマイナスなことですが、それが逆に好印象に変わり、顧客の満足度（CUSTOMER SATISFACTION）が上がることにつながります。マネジメント側でも一緒に従業員のフォローができるので、従業員の満足度（EMPLOYEE SATISFACTION）も上がります。

ディズニーでは、すべてがこの四つのキーワードであるＳＣＳＥを基本方針として運営されています。ですから読者のみなさんも、本書に書かれている内容の裏側には、必ずこのＳＣＳＥの考えがあると意識しながら読んでください。

企業の財産は「人財」

今の日本では、不景気やデフレ、リストラ（リストラ本来の意味からはかけ離れていますが）といった言葉が毎日のようにメディアを賑わせています。

そして経営者はこの現状を乗り切るため、能力主義の名のもとに、終身雇用や年功序列の廃止という表現で、人件費の削減に追われています。

投資家は、これらの結果表面化された決算の数字でその会社の優劣を判断しようとしています。企業の評価は、これら投資家によって決められていいのでしょうか？

表面的な数字として、決して貸借対照表や損益計算書に計上されない、本当に重要な事柄は何でしょうか？　みなさんはよくご存じのはずです。

そうです！

無形の財産である権利やノウハウ、そして「人財」であることを……。人材ではなく「人財」としたのは、人のやる気や能力を意味し、それが企業の財産となるからです。ですからここではあえて、人材を人財と表現します。

かつて、連合艦隊司令長官の山本五十六《いそろく》氏もこのような言葉を残しています。

「やってみせ、言って聞かせて、させてみて、ほめてやらねば人は動かじ」

たとえ軍隊のような規律が厳しいところ、個人の能力ではなく組織力がものをいうところでも、やはり人財が重要であるということを認識しての言葉です。

「人は誰でも、世界中でもっとも素晴らしい場所を夢に見、創造し、デザインし、建設することができる。しかし、その夢を現実のものとするのは、人である」

ウォルト・ディズニー（Walt E. Disney）

ファミリーレストランでの「復唱」

みなさんも、一度はファミリーレストランで食事をしたことがあると思います。ファミリーレストランやファーストフードによく行っている人、特に若い人たちが、そこで行われているサービスが本当のサービスであると思っているとしたら……。私は個人的に「それは違う！」と断言しておきます。

なぜならば、お客様のためのサービス行為ではなく、「経営側の責任回避のため」に行われているとしか思えないからです。

大勢でファミリーレストランに入ると、このような体験をすると思います。

全員が注文を終えると、

「ご注文を繰り返させていただきます。○○が三つ、○○が二つ、○○が一つ……以上でよろしいでしょうか？」

と、サービススタッフが最後に「まとめて」オーダーを復唱してくれます。すでに一人ひとりが注文したときに、すぐにその場で復唱して確認してくれているのにです。

「最後にまとめてもう一度確認することで、違った料理を出さないようにして、私たちに迷惑をかけないようにしてくれているんだ」と、お店側のサービスの一環だと思っていた人は多いのではないでしょうか。

　もちろん、笑顔で丁寧に接客してくれている従業員のせいではありません。そうしなさいとマニュアルに書いてあるので、それに何の疑問も持たずに（少しは持っているのかな？）、忠実に職務を遂行しているだけなのです。

　では、なぜこのような行為が当たり前のように実施されているのでしょうか？

　それは経営側、つまりマネジメントサイドの責任回避なのです。

　最後に復唱することで内容確認を客側に押し付け、万が一間違いや勘違いで注文が違っていたときには、「最後にスタッフは注文を復唱して、これでよろしいでしょうかと確認しましたよね？」と、間違いは店側ではなく、お客様のほうですと。

　これが「お客さまを満足させるサービス」でしょうか？　まるで「お客様は記憶力がないですね」と言われているような気もしますし、「自分たちが頼んだ注文なんだから、誰かが覚えておけ！」と言われているようです。はっきり言って気分が悪いです。

　間違いや勘違いで注文が違っていたとしたら、料理を取り替えざるを得ません。であれば、一度注文の際に復唱して確認しているのですから、それで十分ではないでしょうか。

　最後の総まとめ復唱をなくすことによって、それに要する従業員の時間と労力が削減できる、つまり労働効率のアップにつながるのですから。

　なによりも、最後に延々と聞かされるお客様の混乱を除くことができるのですから。

第2章

本物のサービスを考える

感動を与えるサービスとは

「日本のテーマパークは成功しない」と言われ続けています。

バブル期に次から次へと計画されたプロジェクトは消え去り、建設されたテーマパークの中で、今も健全な経営を続けられているところはごくわずかです。

この原因は何でしょうか？

その反面、千葉県浦安市には「東京ディズニーリゾート」があります。年間入園者数が二四〇〇万人を大きく超えるほどの、日本有数のリゾート地であり、「日本で唯一成功しているテーマパーク」とも言われています。

なぜ、ディズニーランドは成功しているのでしょうか？

成功の秘訣はリピーターの確保

日本のテーマパークとディズニーランドとの大きな違いは何でしょうか？　それはお客様のリピート率の違いです。

東京ディズニーリゾート内にある東京ディズニーランドの年間入園者数およそ一七〇〇万人の九割以上が、リピーターであると言われています。

この驚異のリピーター獲得率こそが、日本の（成功していない）テーマパークとの大きな違いであるとともに、サービス業で成功するために一番重要なことなのです。

では、どのようにすれば高いリピート率を獲得できるのでしょうか。その答えは「付加価値」にあります。

サービス業は付加価値で勝負が決まる！

売る商品に付加価値をつけて営業するのがサービス業です。

簡単に説明すれば、一〇〇〇円の定食に五〇〇円のサービス料をつけた、一五〇〇円のメニューとしてお客様に提供しているのがサービス業です。

サービス業においては、売る商品（飲食なら食品、アパレルなら服）自体が、一商品として価値のあるものであることは必要条件です。しかしこれだけでは、なかなかリピーターを獲得することは難しいのが現状です。

では、どうすればガッチリお客様の心をつかみ、リピーターとすることができるのでしょうか？　そのために必要なことは、「いかに質の高い納得してもらえる付加価値をつけられるか」ということです。

サービス業の場合は、決して「安いから」「値引きしているから」「特売品だから」という理由で客が集まり、リピーターになってくれているわけではありません。一商品として価値のあるものに適正な付加価値がついているからこそ、お客様は離れずについてくれるのです。特にリピーターであればあるほど、商品の付加価値を重要視しているのです。

ディズニーには一商品として価値のあるアトラクションやレストランなどに加え、お客様を納得させるだけの付加価値、つまり「サービス」があるからこそ、一六〇〇万人以上のリピーターを確保できているのです。

目に見えないものが感動を与える

では、どのような付加価値、サービスをつければいいのでしょうか？

その答えは、「お客様の五感に訴えるサービス」を提供できているかどうかということです。

気に入ったり、嫌いになったりするときには、必ず「五感」が関係しています。視覚、聴覚、嗅覚、触覚、味覚の五感です。

特に現代人は、視覚に訴えるものに一番影響されると言われ、目に見えるものが最重要視されます。

これはサービス業においても顕著に表れ、あくまでも「見た目重視」でサービスそのものがつくられています。

しかし、あくまでも視覚は五感の中のひとつ、五分の一である二〇%にしか過ぎません。残りの八〇%は目に見えないものです。いくら視覚に訴えることが一番効果があるからといって、目に見えない残りの八〇%を疎かにしていたのでは、人に感動を与えることはできません。大切なものは目に見えていないのです。

これら五感のすべてを通じて、人の気持ち、目に見えない心に感動を与えることができるならば、人は必ず気に入ってくれるものです。

サービス業の本質は、まさにこの「気に入ってもらう。そしてまた来てもらう」ことに尽きます。一度来てくれたお客様が気に入ってくれて、何度も何度も足を運んでくれる。そうしてもらえるサービスを提供することなのです。

日本のサービス業が成長しない理由

私は、「日本のサービス業は成長しない」と言われる元凶が、チップの代わりに使用されている「サービス料の徴収」だと思っています。

もともと日本にも、このチップと同じように、「心付《こころづけ》」がありました（今でも旅館などに泊まると、払うことがあります）。ところが近代化が進む中（ホテルが最初にはじめたと言われていますが）、「サービス料」という名目で、チップを売り上げの中に入れてしまいました。

そして現在ではホテル以外のところ、高級レストラン、バー、焼き肉屋やカラオケボックスなどでも、「サービス料」を「徴収」されることが多々あります。

しかし、もともとは「奉仕」であったサービスが、時を経るごとに「サービス」という立派な商品になったのです。

ですからサービスに対してはきちんと対価を支払うべきなのです。サービスに見合った料金が支払われることで、商品としてのサービスそのものが磨かれ、サービスとしての質が向上していくものなのです。

その目安となるのが「チップ」であり、間違っても「単一のパーセントで徴収」されるものではありません。

日本のサービス業が成長しないもう一つの理由

「サービス料の徴収」がもたらしたもう一つの大きな悪影響は、サービスを提供される側としての意識、つまり日本人のサービスに対する考え方そのものにも、悪い影響を与えているのです。

このような話もよく耳にします。

「日本のホテルにはチップがないのに、外国にはチップがあるから面倒だ」

「外国ではいつチップを渡せばいいのか分からない。日本はチップがなくてよかった」

喜んで支払うサービス料

「徴収」されるサービス料

これは、日本人のサービスに対する考え、価値などが分かっていない、育っていないゆえの発言です。

これでは、いくらすばらしいサービスを提供したとしても、受ける側にその意識がなければ、提供する側も人間ですから、だんだん手を抜くようになります。

このようにサービスの向上には、提供する側の努力だけでなく、提供される側の「サービスを見る目」も必要なのです。どちらが欠けてもサービスが向上することはあり得ないのです。

これらのことが原因で、日本のサービス業はレベルが低いと言われているのです。

しかし、その日本でもきちんと成功を収めているのがディズニーランドです。しかも、ディズニーランドはチップ制ではありません。あくまでも「入園料」としてのサービスを提供しているだけです。

日本のサービス業で成功するためには

ディズニーが日本でも成功したポイントとしては、より多くのリピーターを確保できたこと。その理由が、テーマパークの理念をはっきりと打ち出したこと。それを実現するために、次の四つの点をしっかりとつくりあげたことだと思います。

- ソフトの構築
- （目に見える）ものづくりへのこだわり
- （目に見えない）バックステージづくり
- 従業員の教育とトレーニング

これらの点にスポットを当てながら、お客様の心をとらえて離さないサービスをどのようにつくりあげればいいのかを、見ていきましょう。

「レジ」での不思議な話

変な日本語が一番多く使われているのが、レジではないでしょうか。

「○○円からお預かりいたします」

と、「〜から」と言ってお金を受け取る店員さんが多いと思いませんか？

正しくは「〜から」などいらない、「○○円お預かりいたします」のはずです。一度、その「〜から」にはどんな意味があるのか聞いてみたいのですが……。

あらためてこう言われると、今まで何気なく聞き流してきた人も、日本語として変だと思いますよね？

もちろん日本語も生きものですから、新しい表現方法や、新語や珍語なるものが生まれてくるのでしょう。本書での「少々お待ちください」も、その中の一つです。

マニュアル担当、または教育担当は、お客様と対応するための基本的な言葉は、「簡潔」かつ「明確に」を基本にして決めているはずです。特に現金のやり取りでは、無用な言葉は厳禁にしているはずです。

なぜならば、現金の授受に間違いがあると、一番迷惑するのはお客様です。そしてもちろん精算したときに問題があると、原因を追究しなければいけません。そのための非生産的な時間もかかるといった具合に、よくないことばかりだからです。

現金を取り扱うポジションがお客様を少しでも長く待たせることは、マネジメントサイドから言わせれば時間帯売り上げの、それもピーク時の時間帯売り上げの低下につながるのです。

速く精算できることは、お客様・お店の双方にとっていいことなのですから、言葉遣いも長い「○○円からお預かりいたします」などはマニュアルで決められていないと思います。

では、なぜそのような言い方になってしまうのでしょうか？　担当者はそれが正しいと思って使用しているのでしょうか？　それとも口語体の流れで「～から」をつけたほうが言いやすいのでしょうか？　いずれにせよ、そろそろやめたい言葉だと思うのですが、みなさんの考えはいかがでしょうか？

トレーニングするトレーナーのみなさん。従業員にはきちんと教育とトレーニングを施してください。マニュアルに記載されていることをそのまま教えればいいわけではありません。

詳しくは第5章「教育とトレーニングはこうする！」を読んでいただきたいのですが、社員の言葉遣いにかんしては、トレーニングが必要です。ここでは予習をかねてトレーニングのポイントをあげておきます。

・正しいことをきちんと教える
・できるまでトレーニングする
・現場でできているかをチェックし、できていなければそのつど指導する。
・職場全体で徹底させる（ベテランでも、できていなければできるようになるまでやる）

第3章

大事なものは目に見えない

ソフト構築の重要性

「ソフトの構築」。

ディズニーのテーマパークに限らず、サービス施設を成功させるためには、この「ソフトの構築」がキーポイントになります。

私の知る限りでは、このソフトの構築に時間とコストを一番費やしているのが、ディズニーのテーマパークです。

そもそも「ソフト」とはいったい何のことでしょうか。サービス業におけるソフトの構築とは何なのか。重要なものであるならば、それをどうつくればよいのか。また、ソフトの構築に時間とコストをかけなければどうなってしまうのか。一つひとつ見ていくことにしましょう。

ハード優先の日本発のプロジェクト

日本の一般的なサービス施設（ホテル、レストラン、テーマパーク、遊園地など）では、施設をオープンさせるまでのプロジェクトの中で、何を優先させていると思いますか？

一般的には、まず数パターンの「イメージパース（建築では透視図のことですが、施設全体を描いた鳥瞰図、施設の雰囲気や外観、人が楽しんでいる雰囲気などの手描きの絵のこと）」を描きます。それにより方向性が決定されると、イメージパースをもとに基本設計図が作成されます。

そこには施設の位置、大きさ、外観や内装のデザイン、単に設計者やデザイナーの想像とカンで必要だろうとされたもの（設備機器や事務所など）が記載されていきます。これらの施設や設備機器をハードと言います。

しかし、ハードが先行するのはなぜでしょうか？　それはプロジェクトワークを知らないオーナーや社長が目に見えるものをほしがるからです。目に見えるハードを優先させれば、プロジェクトが順調に進んでいるという安心感を得ることができます。ディズニーのSCSEとは意味のまったく違う「SAFETY」が最優先されます。

ソフトとは何か？

ディズニーはこれらハードを優先させるのではなく、その「前段階」を最優先させているのです。

- 理念やテーマは何か？
- どのようなサービスレベルを提供するのか？
- どのような運営方法を行うのか？
- そのためにはどのような機能を持った施設が必要なのか？
- その施設機能を実現するには、どのくらいの規模・能力を持ち、どのような仕様の設

ソフト

ハード

備機器が必要なのか?

●メンテナンスは委託するのか自社で抱えるのか?

●非常事態にはどのような体制を組むのか?

このような運営方針や運営方法は、実際にできあがったときのことを想定しながら、すべてのことを詳細に設定していかないと、本当に必要な機能や施設の種類、規模、配置、設備機器を決定することはできないはずなのです。

ときにはシミュレーションをしたり、精巧なミニチュア模型をつくったりしながら、時間とコストと経験者の知恵をつぎ込んではじめてつくることができるのです。

これらの事柄すべてを「ソフト」と言います。この「ソフト」を構築することこそが、サービス業で成功を収めるための第一歩でもあるのです。

一つのアトラクションにはジェット機一機分のコスト

この「ソフト構築」に対して、ディズニーは時間とコストをかけて、しっかりとしたものをつくります。ディズニーのテーマパークには、さまざまなアトラクションがあります。どのアトラクションも完成するまでにかかるコストは、少なく見積もってもジェット機を一機買えるくらいです。

重要なのはこの金額だけではなく、アトラクションを実際に建築しはじめるまでの時間、つまりソフトの構築に三～五年もの年月をかけ、それからそのアトラクションに合うように、さらに三～五年をかけて詳細にソフトを構築していることです。ディズニーシーにある『インディ・ジョーンズ』のアトラクションは、実際のアトラクションとしてソフトの完成に一〇年を要したと聞いています。

ソフトの構築に十分な時間とコストをかけ、完全なソフトをつくってから、はじめて建設の基本計画を立てているのです。

どのようにしてソフトを構築していくのか

サービス施設をつくる場合は、それがテーマパークであるならなおさらですが、一つの理念・テーマを決めてイメージパース（施設の鳥瞰図）をつくります。

そこから基本設計図をつくるのではなく、イメージパースをもとに完成後を想像しながら、「必要機能の抽出」をします。

もちろん、この機能を決めるためには、最初に決めたテーマに沿って考えていきます。

- どんな施設にするのか
- 何をメニューとするのか
- 価格帯はどうするのか
- 何をサービスするのか

ソフトの構築手順
理念の決定
イメージバースの作成
運営方法
アトラクション
食堂
防災
設備
予算…

などです。ですからそのサービス施設のテーマがはっきり決まっていないと、必要機能を抽出することはできません。

たとえば、レストランなどの飲食施設の場合は、当然「飲食の機能」が必要ですから、必要だと考えられるものをどんどん出していきます。

●水はフィルターを通すのか、どうするのか?
●原材料の冷凍、冷蔵の比率とトータルの量は?
●納品サイクルはどうか?
●キッチンは、どのくらいのものが必要になるか?
●事務所や従業員の休憩所はどこにどのくらいのスペースが必要か?

という具合に、考えられる機能をすべて抽出し、シミュレーションをしていきます。

そこではじめて、自然にその機能を持った設備機器や必要なものが次々と決まっていきます。

これらのことが決まってから、基本設計図がつくられ、施設の位置、大きさ、外観や内装のデザインなどを決めて、建設に必要な予算を決定していくのです。

日本のテーマパークの失敗はここに集約される

しかし、これとはまったく逆の方法をとっているのが日本のサービス施設です。

日本の場合は、「まず場所ありき」ですべてがはじまります。アメリカのような広大な土地がないために、どうしても土地優先になってしまうのかどうかは分かりませんが、とにかくディズニーとはまったく逆のパターンでつくられているところがほとんどです。

そして失敗した店舗やテーマパークは、このパターンでつくられたものです。

たとえば、

「港区に三〇坪の土地がある（または、ビルの空きがある）。だからこんなお店をやりませんか？　それともこんなオシャレなバーはどうですか？」

と、建物系（不動産屋、ビルのオーナー）とデザイン系（建築デザイナー）がリードしてプロジェクトが進んでいきます。もちろん運営のことなど念頭にありませんし、あったとしてもプロから見ればアマチュアレベルのものです。

あくまでも土地優先でつくられたために、運営が開始されてから問題が続出し、結局うまくいかずにつぶれてしまうのです。

たとえ土地優先でプロジェクトが進行したとしても、できるだけ早い段階でソフトの構築をきちんとしておけば、解決できる問題も多いのです。

一人で済むはずの人件費が、レイアウト重視でつくられてしまったために、どうしても三人雇わないと運営ができないので、予定の三倍以上の人件費がかかり、経営に支障をきたす。

または、「そんな予算はない。当初の計画通りに一人で何とかしろ」と言われ、従業員は三人分の仕事を一人でやることになる。やがて不満と疲労から笑顔が消えていきます。このような業務体制で、はたしてお客様に納得してもらえるサービスを提供することができるのでしょうか。

しかし、「ここにこういうものをつくったので、あとの運営はよろしく！」というのが日本のサービス施設の実情なのです。

ディズニーから学ばない人たち

ディズニーランドの成功と、日本発のテーマパークがことごとく失敗したという事実。そしてディズニーランド成功の理由が、ソフトの構築にあることが業界内では知れ渡っているにもかかわらず、失敗したテーマパークを手がけた企業は、ことごとくソフトの構築段階で手を抜きました。

それがサービス業の生命線である機能抽

出、設備計画、施設計画、運営の核心であることを認識しながらも。

やはり、日本の社会は物資が裕福になったのと引き替えに、心の裕福さが失われてしまったのでしょうか。それとも、プロジェクトを立ちあげる際の資金調達先としての銀行の判断が重きをなしているからでしょうか。

成功しているディズニーの施設と内容をきちんと見てください。本当に大事なことは、もっと別のところにあると気づくはずです。

ソフト構築を怠ると……

では、ソフト構築を怠ったサービス施設では、実際にどのような問題が出てくるのでしょうか？　私が基本計画段階から参加したHテーマパークでも、ソフトの構築を怠ったために、やはり次々と問題が浮き彫りになってきました。

私が参加したときには、すでに施設計画と事業収支計画ができあがっており、融資元の銀行へもその計画で提出されていました。

施設計画はデザイン会社とゼネコンによって計画されていましたが、両者には運営内容を把握している人がいませんでした。このような状況で、どうやってソフト構築としての施設設備の機能抽出、必要面積、配置、動線、バックヤードの施設計画を行ったのでしょうか。

はっきり言って、まったく行われていなかったのです。そうです、適当に考えられていたのです。

それによって次のような問題点が早々と出てきました。

- 駐車場の広さが足りない→来園者数に影響
- タクシー待ちのスペースがない→駐車場台数、車の動線計画に影響
- 入園券売り場が狭い→ピーク時の入園者数によるレジの必要台数が算出されていない。必要なだけのレジ台数やチケットの在庫置き場がない
- ショップの在庫保管倉庫がない→全体デザインの崩壊、管理の複雑化、労働生産性の悪化

- ショップレジ前のお客様用キューライン（待つ人の列）スペースがない→追加投資、お客様の列をコントロールする人の人件費のアップ
- 従業員動線、園内配送の動線がない→ショーの崩壊、無駄な労力必要
- ロッカースペースが小さすぎ→他のスペースに影響
- ユニフォームの保管庫がない→他のスペースに影響
- 植栽計画はオープン時のみで、保護維持計画がない→メンテナンス費の高騰
- 雨、雪対策がない→予測来園者数への影響、人件費のアップ
- レストランの倉庫スペースが少ない→デザイン崩壊、管理レベルの崩壊
- 厨房が大きい→無駄な人件費が出る、清掃に時間がかかる
- メンテナンスできない個所がたくさんある→業者に依頼するので経費アップ

など、主たるものだけでもここに書ききれないほどの問題がありました。

しかし、ソフト構築を怠ったために起こったこれらの不都合、不具合のすべての責任は、最終的には運営側へ転嫁されてしまうのです。さらに事業計画通りにいかなければ、

施設の設計に問題があるにもかかわらず、運営側は売り上げアップを迫られます。基本的に運営の落ち度がなくても、人件費や経費の削減を迫られるのです。

これでは、運営もうまくいきませんし、従業員の士気が上がるわけもありません。

施工中のよくある出来事

ソフト構築の段階では、リスクマネジメントとして、お客様の安全を確保できるように設計しなければいけません。

しかし、ソフトの構築で手を抜いた場合ですと、実際に建築しはじめてから、次のような業者とのやり取りが頻繁に出てきます。

安全面での火災、煙感知機中央制御盤（どの場所で火事や煙が確認されているかがわかるもの）の設置位置についての会話です。その施設ではハードであるデザインが優先されていたために、ロッカーとトイレの間の奥の壁に設置されようとしていました。

しかしこの位置では事務所から従業員が見ることができない。さらに事務所から顔を出してのぞき込んでも、万が一ロッカーの扉が開いていたら見えない。

私 「その位置では火災、煙感知機が発報した場合、事務所に社員がいても気づかないことがあるので、場所をここ（位置を指示して）に移設してほしい」

業者 「大丈夫ですよ。この位置からで見えますよ」

私 「扉が開いていると見えないこともあるので、確実に見えるこの場所にしてほしい」

業者 「いやー、ここからはもう移設できないんですよね」

私 「なぜ？」

業者 「移設するのに費用がかかるし、スケジュールにも余裕がないので」

私 「それは間に合わせるように調整してくれない？」

業者 「そう言われても、これは無理ですよ」

私 「これでは安全性の確保に支障をきたすから、譲れないよ」

業者 「いや、でも大丈夫ですよ。ここに座れば見えますよ」

私 「誰が事務所の従業員の配置を決めろと言ったの？　わかった。そこまで言うので

あればもういい。保証できるんだろうから、これで大丈夫だということを、書面にしてくれる？　個人名でいいから」

業者「いや、保証と言われても……」

私「そちらサイドがこれで問題ないと保証できるんでしょう？　だったら手書きでいいから、この紙に書いて」

業者「ちょっと上のものと相談してきます」

もちろん、翌日には移設工事がはじまりました。プロジェクト経験のある人間が計画段階から参加し、ソフトの構築をきちんと行っていれば、このような問題は出てこないのです。それを怠ったがために、設計変更や移設の作業で余分なコストがかかることになるのです。

目先のコストを削って、全体のコストを増やす失敗

どこの厨房にも、グリルや熱機器の上にはフィルターとダクトがついています。もちろんディズニーの厨房にもついています。

しかし、ディズニーの厨房についているダクトシステムは、日本メーカーの三倍の値段もする、アメリカ製のシステムが設置されています。

なぜ三倍の値段かというと、自動洗浄や自動消火の機能がついているからです。

もし仮に、当初のコストを抑えるために、無機能の安いダクトシステムで済ませていたとしたら、年に何度かはクリーニングが必要になります。それにはもちろん、時間とコストがかかります。しかも、このクリーニングをディズニーランドすべての厨房で行うには、膨大なコストがかかります。そして営業が続く限り、このコストを出し続けることになります。

ですからたとえ値段は三倍だとしても、長いスパンで考えれば、結果的にコストを安く抑えられることになるのです。目先だけの「経費削減」は、むしろ「無駄な運営経費の増加」でしかありません。

先ほどの移設工事費用も、ソフト構築にかけるコストのほうが、移設工事費用よりも安く済むのです。

コストが雪だるま式に増える問題

ソフトの構築を怠ったがために、その事業そのものに大きなダメージを与えてしまうという、よくある問題について具体的にお話しします。

特に、事業規模が大きくなれば大きくなるほど受けるダメージは大きいのですが、たとえ小さな事業であっても予算をはるかに上まわってしまったのでは、その事業の成功に大きなダメージを与えることになります。

次のような問題はソフト構築の中でも、人件費に関することがいかに重要なのかがよく分かると思います。

たとえば、ある施設の従業員数が次のようにして決められたとします。

- 一日五〇人勤務（一人あたりの労働時間＝八時間）
- （従業員の休みを考慮して）平日勤務型（平日タイプ）と週末勤務型（週末タイプ）に分ける

すると合計で、「五〇人×二タイプ＝一〇〇人の採用」となり、人件費は一〇〇名分で計算されます。

ところが実際にオープンしてみると、平日タイプの五〇人全員が五日間フルに働けることができません。曜日や時間の制限があり、平日のラインを二人や三人で埋めなくてはならないことがあるからです。

そこで、実際には「少し多め」に変更します。

● 一日五二人勤務（一人あたりの労働時間＝八時間）
● （従業員の休みを考慮して）平日勤務型（平日タイプ）と週末勤務型（週末タイプ）に分ける

　すると合計が、「五〇人×二タイプ＝一〇〇人の採用」から、「五二人×二タイプ＝一〇四人の採用」となり、予定よりも「四人」増えてしまいました。

「たった四人増えただけでは？」

と思った人は、この変更がどのような影響を及ぼすか、もう一度考えてみてください。
まず、ひとつの施設で四人の採用人数が増えるならば、アトラクション、商品、飲食など、ほかのすべての施設でも同じような事態が発生します。
　全施設数が五〇あれば、四×五〇施設で最終的には二〇〇人の採用人数が増えることになります。すると次のような問題が発生してきます。

第一に、人事部の採用計画を見直す必要があります。パッと思いつくだけでも、以下の予算が増えます。

●二〇〇人分の採用担当者も増やす必要がある（面接を受けにくるのは二〇〇人以上）

●面接に来る人数も増える可能性がある。予定していた面接会場では狭くなるので、会場を変更する可能性も出てくる（より大きな会場＝より多くの会場費）

●面接時間も増えるので、予定していた面接日数では終わらない。どこかほかの場所を借りる予定ならば、その会場を借りる日数が増える（より多くの日数レンタル）

●採用した従業員のトレーニングにかかわる資料制作費が増える

●トレーナーの人数も増える

●通勤交通費も増える

次にコスチューム（制服）を見直さなければいけません。

制服の場合、二〇〇人増えたからといって、単純に二〇〇着増やせば問題が片づくわけではありません。

サービス業では、一般的に考えても一人あたり三着の制服を準備します。なぜ三着かというと、

- 今着ているもの
- クリーニングに出しているもの
- 予備としてロッカーに入れておくもの

と考えたとして三着です。汚い制服では、お客様に不快な思いをさせることは言うまでもありません。ですから一人あたり三着と仮定します。

すると、「二〇〇人×三サイズ＝六〇〇着」男女の別を考慮するとさらに二倍の一二〇〇着の制服が余計に必要になります。たとえば一セット二万円の制服ならば、二四〇〇万円もの経費が増えます。

さらに制服が増えることによって、以下の諸問題も出てきます。

●保管場所を見直す（増設する）必要がある。場合によっては、施設そのものの設計を変更する必要が出てきます（施設の設計変更に要する費用も必要）

●クリーニング費が増える

●ロッカーを増やす。購入経費が増えるだけでなく、そのことで設計に影響すれば、施設の設計変更に要する費用も必要

●コスチューム担当者の増員

これだけで終わりではありません。従業員の数が増えるのですから、従業員施設にはすべて影響を及ぼします。

●従業員食堂規模の見直し

●休憩場所規模の見直し

●移動手段の見直し。構内バスを増やす（購入経費増、運転手の増（人件費増）、メンテナンス費増）

このようにソフトの構築段階では、人件費（頭数）に関することをあいまいに決めていると、ほかのすべての事柄に影響を及ぼしてしまうのです。「たった四人増えたくらい」とか、「四人増えれば、四人分の頭数が増えるだけ」と思ってはいけません。また、「予算に限りがあるから」という理由で、一人あたりの労働負担率を高くしてしまったのでは、お客様を満足させることなどできません。お客様にサービスを提供しているのは、その労働負担率を高くされた従業員なのですから。

いずれにしろ、こちら側の不手際によるツケを、最終的にお客様に支払わせるようなサービスでは、リピーターを確保することなど夢の話です。

日本企業とのソフト構築がもたらした恩恵

このソフト構築に対して、対価価値を認めない日本人や日本企業を変えなくてはいけないという意識がずっとあったのですが、今までお話してきたように、なかなか実現せずにいました。

そんなときに、日本最大手のKゼネコンと一緒に仕事をさせてもらう機会にめぐり会いました。もちろん私は、ソフト構築についての考え方を担当者に伝えることからはじめました。

ある理念・テーマがあり、それを運営するためには、施設にどのような機能を持たせ、それをどのような規模でどの位置にするか、どう設計するか

ということを徹底的に話し合いました。そして担当者だけでなく、ソフト構築こそが基本構想段階において最重要であるという認識を持っていただけました。

ソフト構築の重要性を理解してくれたうえに、さらにその対価として破格の金額を提示してくれたことが、テーマパークプロジェクト、エンターテインメント施設のプロジェクトに携わる私としては、非常にうれしかったことでもあります。

「この設備はいらない」

「この通路には最低これだけの幅が必要。これ以下だと従業員は余計に必要になる」
「この設備は安価なものでなく、高価でも多機能のものを取りつけたほうが、開業後は結果的に時間もコストも削減できる」

などと、ゼネコンサイドから出ていた基本設計前の大ラフをもとに、ソフトを構築していきました。半年もの年月をかけてソフト構築を行ったことで、結果的にはゼネコンサイドであらかじめ考えていた予算よりも、二〇パーセント（約四〇億円）も少なく済ませることができたのです。

このように、ソフトの構築に時間とコストがかかったとしても、結果的に予算を削減できることがほとんどです。もちろん、運営上の問題もなくなります。

なぜ・ネームタグをつけていると思いますか？

ソフトの構築においては、どんなささいなことでも手を抜いてはいけません。

たとえばお客様に接する従業員は、ネームタグ（ネームプレート）をつけていることがほとんどです。

では、このネームタグは何のためにつけているのでしょうか？　誰のためにつけているのでしょうか？

お客様に名前を呼んでもらうためにつけているのでしょうか？　そう思った人は、従業員のネームタグで名前を確認してから呼んだことがあるのでしょうか？　そんなことはせずに、「すみません」「ちょっと」「君」と声をかけているはずです。

新しく入ってきたアルバイトの人たちの名前をすぐには覚えられないものです。なかには、次から次へと入社退社をするアルバイトの人たちの名前をいちいち覚えられないという人も多いはずです。

しかし、アルバイトをしている人はそんなマネジメントサイドの状況は関係ありません。みなさんもアルバイトを経験したことがあると思いますが、まだ入ったばかりなのに従業員の人から名前で呼ばれるとうれしくて、仕事を張り切ってやった記憶があるのではないでしょうか。

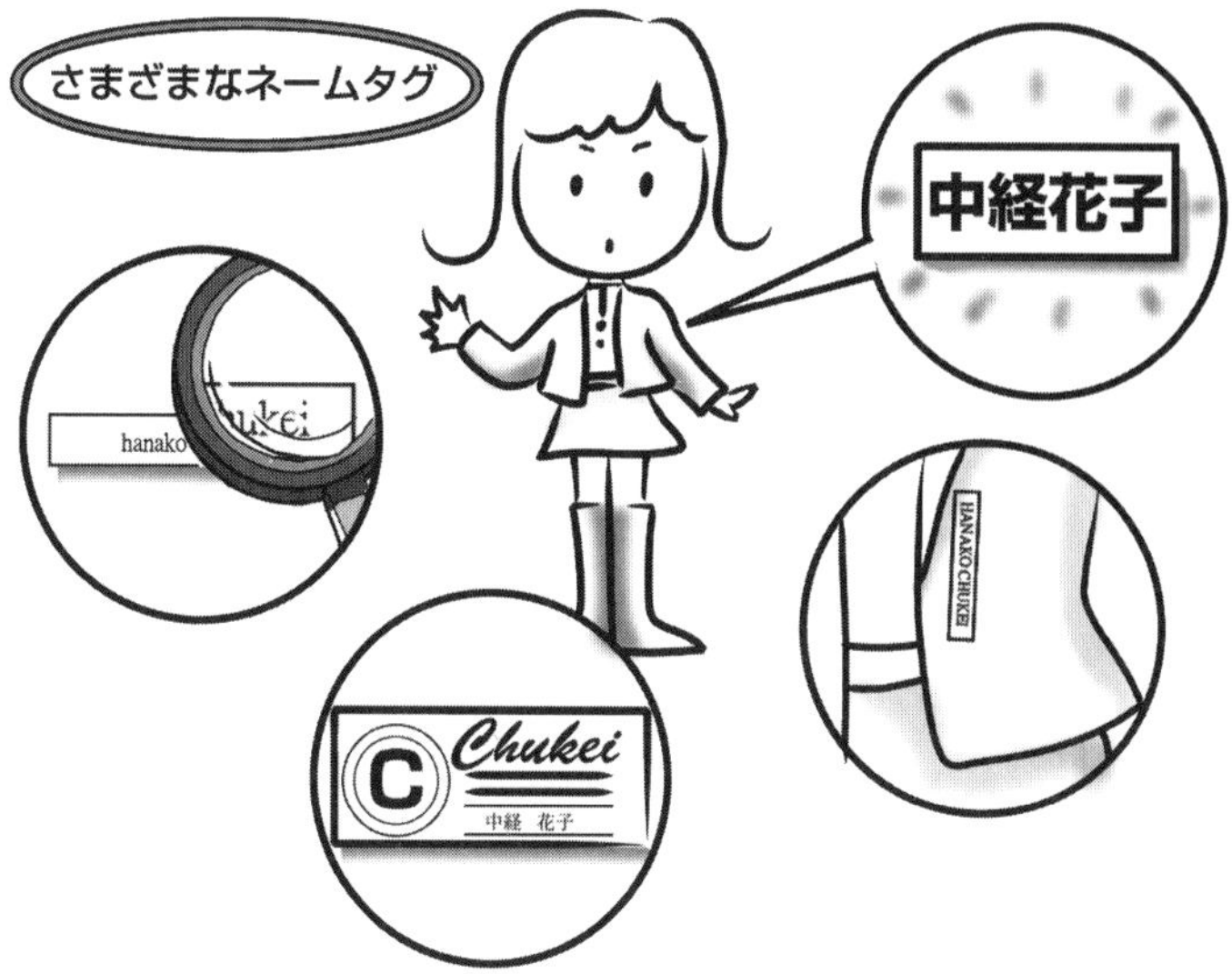

そうです。ネームタグは社員の誰が見ても、一目でその人の名前が分かるためにつけるものなのです。

しかしマネジメントサイドでは、ネームタグの意味と重要性が分かっていませんから、その結果コストをかけてつくられるネームタグは、小さすぎて制服のボタンのように単なる付属品になっているものが多いのではないでしょうか。

さらにタグには必要のないことまで記載されているので、中の文字が小さくなってしまい、三〇センチくらいまで顔を近づけないと見えないものがあります。

これらのネームタグは、今でも多くのと

ころで、ユニフォームの胸に飾られています。

このように、たかがネームタグ一つをとっても、

「それはなぜ必要なのか？」

「何のため、誰のために必要なのか？」

をとことん突き詰めて考えていくのが、ソフトの構築では重要なことです。

ディズニーの場合は、働くキャストの数が多いので、「同じ職場で働く人のために」ネームタグをつけるという重要な意義があります。同じ職場で働く人から「そこの君」とか、「ちょっと」と呼ばれるよりも、知らない人からでも、「○○君」、「○○さん」と呼ばれたほうが、呼ばれた人はうれしいはずですし、その人の士気も上がるはずです。

五メートルくらい先からでも読めるネームタグ。そのために必要十分なタグの大きさ、文字サイズ、タグをつける位置、タグの素材などが決められているのです。

従業員を「キャスト」、お客様を「ゲスト」と呼ぶ理由

ディズニーでは従業員のことを「キャスト」と呼びます。そしてお客様のことを「ゲスト」と呼んでいます。こう呼ぶことにも、きちんとした理由があります。

アメリカでは、映画の制作に携わった人たちを「キャスト」と呼びます。ディズニーはアメリカ生まれであること。テーマパークそのものが、非現実的な世界の「ステージ」であることから、東京ディズニーランドでも、その世界を一緒につくりあげる従業員のことをアメリカで使用されている呼称のまま、「キャスト」と呼ぶことにしました。

映画の制作に携わった人たちを「キャスト」と呼ぶことは、当時の日本でも知られていましたので、そのまま「キャスト」と呼んでも違和感を抱かないと思ったからです。

非現実的な世界で働く（演じる）人を「キャスト」と呼ぶのであれば、そのステージを見に来てくださるお客様も、そのまま「ゲスト」になります。

従業員の呼称についても、このような話し合いがきちんとなされ、確固たる理由から

最良のものが選ばれるのです。当時はアメリカサイドから派遣されてきたカウンターパートと呼ばれる責任者たちもいたので、日米での生活習慣や考え方の相違などで、毎日のように徹底的に討論が繰り返されました。部長にはDirector、課長にはManagerといったカウンターパートがつき、ディズニーの世界をきちんと伝えるため、また最高レベルのサービスを共につくりあげるために協力し合いました。

ちなみに、私にもカウンターパートがつきましたが、日本とアメリカの習慣や進め方の違いなどで、ここには書けないような言葉で毎日喧嘩をしていました。ときには、カウンターパートが泣きながら私の上司に言いつけたりしたので、当時の上司Iさんは、毎日が板ばさみ状態で大変だったと思います。

各部の職種の呼称も、今まで日本になかった業務がそれぞれのポジションに付加されていましたから、アメリカサイドの呼称をそのまま採用しました。コックは「カリナリー」、ウェイター・ウェイトレスを「サーバー」といった具合にです。

当時の部長や総料理長からは、「カタカナばかりで何がなんだかわからん！」との意見もありましたが……。

「こんにちは」のあいさつ

一九八〇年ごろのサービス業では、お客様を迎えるときのあいさつは、すべて「いらっしゃいませ」でした。しかしこの「いらっしゃいませ」というお店側の歓迎の言葉では、お客様からの返答が「いらっしゃいました」になってしまいますから、お客様からは返答できませんよね？　つまり「いらっしゃいませ」では、お客様との会話が成り立たないという個人的不満があったのです。

そしてサービス業からは、従業員が出勤したときの「おはようございます」以外では「こんにちは」「こんばんは」のあいさつが遠ざけられていました。

東京ディズニーランドでの最初のマニュアル委員会のメンバーは、

●運営部（アトラクション、セキュリティー、カストーディアル）

●商品部
●食堂部（著者）
の各部門から代表が一人ずつ、計三人で構成されました。

膨大な数の翻訳されたマニュアルがあったので、正直どこから手をつけていいかわからない状況でした。

運営、商品の代表者はオリエンタルランドのプロパー社員で、サービス業に携わった経験がなく、マニュアルを見たのもはじめてでした。その中でも、サービス業の知識と実務経験、マニュアル、米・ディズニーワールドでの経験があったのは私のみでした。

ディズニーのマニュアル（英語）では、あいさつはさまざまで、ひとつに統一してあったわけではありませんでしたが、日本語訳ではほとんどが「いらっしゃいませ」と翻訳されていました。そこで私のほうから問題を提起したのです。

なぜならば、もしも日本語に訳されたマニュアル通りにトレーニングをしていたらどうなったでしょうか。

たとえば車で来園した場合、まず駐車券を買うときに「いらっしゃいませ」。入園券

を買うときに「いらっしゃいませ」。入園するときに「いらっしゃいませ」。入園したら「いらっしゃいませ」。レストランに入ると「いらっしゃいませ」。水をサービスされるときでも「いらっしゃいませ」。ショップに入るときも「いらっしゃいませ」。アトラクションの入り口でも「いらっしゃいませ」。

これでは「いらっしゃいませ」だらけでウンザリしてしまいます。

だからといって、英語のマニュアルのように、その場その場であいさつの言葉を変えるように事細かな決め事をしても、全体の運営には何万人ものアルバイトも従事しますので、完全に遵守されることは不可能です。そこで、あいさつの基本を「こんにちは」にしようと提案しました。

なぜ、「こんにちは」を選んだのかというと、普段の生活の中では、親しい人や知り合いなどの親近感を持っている人に「こんにちは」とあいさつをします。

逆に街中で、まったく知らない人から親しそうに「こんにちは」と言われると、かえってびっくりしてしまいます。

テーマパークの中では、お客様がはじめて会う従業員であっても、ここで働く従業員だとわかっているので、「こんにちは」と親しくあいさつをしても、街中で知らない人から「こんにちは」とあいさつされたような変な感情は持たないはずです。園内で「こんにちは」とあいさつをされたからといって、「俺はお前のことを知らない！」と怒るお客様はいません。

それどころか、こちらが従業員であることが分かっているのですから、「こんにちは」とあいさつを返してくれる可能性が高くなります。ワンウェイからツーウェイのコミュニケーションになるのです。

そもそも、「いらっしゃいませ」という言い方はかしこまった言い方です。この言い方の一番の弊害は、「笑顔で言いにくい」ということです。真剣な表情では言いやすいのですが、笑顔で言いにくいのです。また、「こんにちは」という日本の美しいあいさつの言葉を復活させたいという、個人的なこだわりもありました。

親近感を与え、お客様との会話が成り立つ可能性が高くなること。そして笑顔で言いやすいこと。この二つのことから、私は「こんにちは」というあいさつにこだわったのです。

しかし、このあいさつの仕方も、一夜にしてキャストに浸透したわけではありません。社会人として経験を積んだ人たちが入社してくるわけですから、各々あいさつの仕方が身についています。それを「ディズニーではこうだから、明日からはこうあいさつしてください」と言ったところで、すぐにできるようにはなりません。それどころか、いくら注意しても、すぐに今までの慣れたあいさつに戻ってしまうのです。

結局全体に浸透するまで二年くらいはかかったのではないでしょうか。たったそれだけのことでも、時間と努力が必要なのです。そしてそこには、そのあいさつ方法を浸透させ、徹底させようとした根気強い人たちがいたことを忘れてはなりません。

最近「こんにちは」のあいさつをしているサービス業が増えたのは、ディズニーランドのあいさつを見習ったからだと思っています。このようないいサービスをどんどん取り入れる姿勢は、サービス業に携わる人間としてすごくうれしいことです。

なぜ入場制限をするのか

年末年始やゴールデンウイーク、夏季・冬季休暇などでは、ディズニーランドは入場制限を行うことがあります。

なぜ入場制限を設けているのでしょうか。

その大きな理由は二つあります。一つは「ゲストに満足していただけるサービスを提供するため」です。

サービス業と呼ばれるものすべてに言えることですが、お客様に納得していただけるだけのサービスを提供するためには、どうしてもお客様の数を制限する必要が出てくるのです。

レストランではそのお店の席数、ホテルでは部屋の総数、そしてテーマパークでは「最大滞留者数」が上限になります。この数を超えてしまうと、お客様に納得していただけるだけのサービスを提供することができなくなります。

ディズニーでは、「ゲストに満足していただけるサービスを提供するため」に、最大滞留者数をきちんと設定しています。その数をオーバーする前に入場制限が設けられるのです。

もう一つの理由が、SCSEの「SAFETY」、安全面から入場制限を行っているのです。

天災に備えた入場制限

ディズニーの全アトラクションは、一時間あたりの収容人数がきちんと計算されています。一平方メートルに三人という計算方法もありますし、実際に人に入ってもらい、人数を数える方法もあります。

そしてこの総数が最大滞留者数として設定されていますが、この数は天災（突然の豪雨や雷雨、雪などの天候の急変）に対応できる数でもあります。

万が一、天候が急変して雷注意報や警報に見舞われたりしたときに、屋根のついている施設内にゲストを非難させられず、ゲストの安全が一〇〇パーセント確保できないと考えて、入場制限を設けているのです。

このようなリスクマネジメントは、ソフト構築の段階から徹底的に計算され、検討されているのです。お客様に満足してもらえるサービスには、このような目に見えないリスクマネジメントもきちんと行われているのです。

ですから、もしも入場制限に引っかかってしまっても、決して怒らずに、「私たちの安全を確保してくれているんだ」と思って、ホッとしてください。

きちんとしたリスクマネジメントを行うことで、お客様の安全をしっかりと確保する。SCSEの「S(SAFETY)」を第一に考え、安全を確保した環境の中でお客様に質の高いサービスを提供しているからこそ、お客様の笑顔が絶えないのではないでしょうか。

そして質の高いサービスの裏側には、ディズニーの基本的なサービスの考え方があります。

「ゲストのために、ゲストの思い出づくりのために、何かお手伝いはできないか?」
「このテーマパークを気に入ってもらうために、わたしに何ができるか?」

このことをキャストが常に意識しながら行動しているのです。

非日常の世界の具現化

ディズニーポリシー

ディズニーのテーマパークへ一歩足を踏み入れると、一瞬にして非日常的な世界を体感できます。

建物の外観はもちろん、目にするものすべてが、まるで本物であるかのようにつくり込まれています。小道具ひとつにしても、とてもつくりものとは思えないほどのリアリティあふれるものばかりです。

目には見えないディズニーの本物志向、テーマへのこだわりと情熱によって、ディズニーの世界がつくられています。そして目に見える建物やアトラクション、小道具などを通して、彼らのゲストに対する気持ちが伝わってくるのです。これが訪れる人たちを魅了し、何度でも足を運ばせる理由のひとつなのです。

細部にわたるテーマへのこだわり

みなさんご存じの『ビッグサンダーマウンテン』という人気アトラクションがあります。アメリカはゴールドラッシュのころ、一獲千金の夢に駆り立てられた金を採掘する人々で賑わっていた鉱山の跡地を再現したものですが、細部にいたるまで、リアルにつくられています。

実はこのビッグサンダーマウンテンで使われている小道具のほとんどは、担当者が半年間もの月日をかけて、実際にアメリカ中をまわって集めてきたものなのです。つまり、つくりものではなくて「本物」なのです。

だからといってゲストのみなさんが、

「あ！　これはアメリカから集めてきた本物だ！　すげー」

と瞬時に分かるわけではありません。

本物を集めるために要した半年という時間と、それにかかるコストを考えたならば、どう考えてもつくってしまったほうが時間もコストもかかりませんし、今の技術なら限りなく本物っぽく（もしくは本物よりも本物っぽく）つくれてしまいます。

しかし、ディズニーの本物志向、テーマへのこだわり、情熱は、そこにつくりものを使用せず、時間とコストをかけて集めた本物を使用しているのです。

これらの目に見える小道具を通して、ディズニーのこだわり、本物志向、情熱といった目に見えないものが、みなさんの心へ伝わっているのだと思います。

このことは科学的にきちんと証明されているわけではありませんが、一度訪れたお客様をリピーターとしてしまう力、さらにはそのリピーターをも飽きさせない理由の一つが、ものづくりにおいての本物志向、細部へのこだわりなのだと思います。

本物志向という点でもう一つ。『スプラッシュ・マウンテン』というアトラクションがあります。ここではレイアウトのデザインとして本物の芝が使われているのですが、これも日本の芝だけではなく、わざわざアメリカから持ってきた芝も使っています。

このことも、日本の芝とアメリカの芝の違いが分かって感動してくれる人などほとんどいませんが、そのアメリカの芝がつくり出している雰囲気や世界がゲストに与えている影響は、日本の芝が与える影響よりも強いはずです。

本物以上のつくりもの

米・ディズニーワールドには『ホール・オブ・プレジデント』というアトラクションがあります。歴代アメリカ大統領（の人形）が勢ぞろいしてスピーチをするのですが、驚くほどそっくりにつくられています。なかでも、一八六〇年就任の第一六代アメリカ大統領リンカーンの服装は、当時と同じ生地、同じ縫い方を研究してつくられています。

さすがにまったく同じ生地は入手できなかったようですが、限りなく近い素材にしたうえで、当時と同じ縫い方でつくられたというのです。もちろん当時はミシンなどありませんから、手縫いでつくられたのです。

ただ単に同じものをつくるのではなく、同じ方法で同じものをつくる。本物志向、テーマへのこだわり、情熱がよく分かる一例だと思います。

一つひとつのものを徹底的につくり込むこだわりや情熱が、目に見える小道具を通してお客様の心へ伝わっていることは間違いありませんが、お客様は、細部までつくり込んだものそのものを楽しむためにやって来ているわけではありません。これを楽しみに来る人は、むしろほんの一握りでしょう。その一握りのお客様のために、細部まで細かくつくり込んでいるのではありません。情熱を込めてつくるもう一つの理由が、

テーマを具現化する

ことです。本物志向、テーマへのこだわり、情熱が注ぎ込まれた一つひとつの小道具。それらがお客様の心へ訴えかけているだけではなく、それらがつくり出す世界こそが、ディズニーの理念である、「ファミリーエンターテインメント」を具現化しているのです。

違和感がない

ディズニーのテーマパークで感じることは、「違和感を覚えない」ことです。なぜ違和感を覚えないのかというと、すべてのものが徹底的につくり込まれているために、「非日常の世界」が見事につくられているからです。

ディズニーの本物志向、ものづくりへのこだわり、細部の忠実な再現といった一連のことは、お客様の心に訴えているだけでなく、違和感を覚えさせないほどの完全な非日常的な世界をつくりあげているのです。

違和感を覚えるとき

何気なく街中を歩いているときに、ふとあるものに目がとまることがあります。ひどいときには、「なんだ　あれは?」と妙に気になって、近づいてじっくりと見てしまうこともあります。

それらのものに共通するのは、あまり深く考えられずに無造作に置かれているものだということです。その場の雰囲気に合っていない。そのために目に飛び込んで来てしまい、違和感を覚えるのです。

これがディズニーのテーマパークにはまったくないのです。

先ほどのリンカーンの服装も、もしミシンで縫われていたとしたら、やはりどこかに違和感を覚えるはずです。

「非日常な世界」の中に、ミシンで縫われた服という「日常的なもの」が入り込むことで、非日常な世界全体が崩れてしまいます。

非日常な世界が崩れるとどうなるでしょうか。お客様は必ず「興ざめ」してしまいます。お客様を興ざめさせてしまうことこそが、リピーターとして確保できない理由のひとつなのです。一度興ざめしたお客様に飽きられるのは、もはや時間の問題です。

ディズニーは「非日常的な世界」をつくりあげるために、徹底的に「日常的なもの」を排除しています。「見事なまでの非日常の世界」をつくりあげることが、「お客様を飽きさせない」ポイントだからです。それができているからこそ、お客様が何度も足を運んでくれているのです。

お弁当を広げる風景

ディズニーランドはお弁当の持ち込みが禁止ではありません。しかし、「テーマ性を損なわないこと」が約束事になっています。ですから、お弁当を食べる場合は、エリア外の「ピクニックエリア」で食べることになっています。

家族でお弁当を広げる風景は、アットホームな印象があります。その楽しそうな風景は、見ているだけで気持ちが和んだりします。

しかし、これほど「現実的な風景」はありません。非日常的な世界を提供している「テーマパーク」としては、その趣旨に反する風景なのです。お客様を興ざめさせないためにも、日常的な風景は排除しなければいけません。

しかし、家族で自家製弁当を囲んで食べる昼食は格別です。そこでピクニックエリアを設けることで、家族の団らんと非日常的な世界の両方を実現させているのです。

日常的なものも、徹底的に非日常的なものにする努力

ディズニーには、たくさんの飲食施設やショップがあります。いくらディズニーが非日常的な世界をつくり出しているからと言っても、やはり運営を行うためにはキャッシュレジスターが必要ですから、すべてのショップやレストランには会計用のレジがあります。

しかし、

「何でここにレジがあるんだ?」

「なんだよ、このレジ! 幻滅するなぁ」

と、キャッシュレジスターが気になった人はほとんどいないと思います。なぜならば、

各レストランやショップに置いてあるキャッシュレジスターは、違和感を覚えないように、その場のレイアウトに合わせてデザインされているからです。

もし、みなさんがよく行くスーパーやファミレス、ホームセンターやコンビニなどと同じように、ディズニーにもそのままレジが置いてあったとすると、誰もがその違和感に気づき、少なからず嫌悪感を覚えるはずです。なぜならば、非現実的な世界の中に、現実的な、しかも会計をするキャッシュレジスターがポツンと存在することになるからです。

このようなところにも、本物志向であるディズニーの徹底した企業努力が存在しているのです。そしてこの努力こそが、「ゲストに飽きられない」という、サービス業のポイントにつながっているのです。

テーマ性を損なわせないことにコストをかける

『クリスタルパレス』というガラス張りのレストランがあります。とてもすてきなところなので、一度足を運んでみてください。
カフェテリア方式ですから、食べものや飲みものの並んでいるカウンターの後ろ側には、もちろん冷蔵庫や温蔵庫があります。普通のカフェテリアにはステンレスの冷蔵庫があり、誰が見ても「あ、あれは冷蔵庫だな」と分かります。
ところが、この『クリスタルパレス』に冷蔵庫があることに気づくお客様はほとんどいません。それはなぜでしょう？

実はクリスタルパレスにも、このステンレスの冷蔵庫があるのですが、お客様から見える部分には室内と同じ装飾デザインが施されています。ですからそこに冷蔵庫があるようには見えませんので、違和感を覚えることはありません。

冷蔵庫以外でよくありがちなのが、飲食店などのドリンク用冷蔵ショーケースです。ドリンクメーカーのロゴが入ったガラスの冷蔵庫です。なかにはおいしそうなビールやドリンクが入っています。

しかし、きれいにデザインされた飲食店であればあるほど、この冷蔵庫を無造作に置いてしまうと、やけにこれだけが目立ってしまいます。きれいにデザインされているのですから、一種の非現実的な世界を楽しむことができます。そこに現実的な冷蔵ショーケースをポツンと置かれてしまうと、お客様はその存在に違和感を覚え、やがて興ざめしてしまうのです。

これでは、せっかくコストをかけて店内のデザインを凝らしたとしても、まったく意味がありません。それどころか、凝れば凝るほどお客様に与える違和感は大きくなるので、かえって悪影響になってしまうのです。

ですから、せっかくコストをかけてデザインを施すのでしたら、実用的なレジだから、なければいけない冷蔵庫だからと何もしないのではなく、むしろこれら日常的なイメージを与えるものにこそ、注意を払うべきなのです。

お客様の心をとらえる

本物志向、テーマへのこだわり、細部にまでこだわるものづくりといったものが、つくり込まれた目に見えるものを通してお客様の心に訴える。さらにそうしてつくられたものが非日常の世界をつくりあげている。

だからこそお客様に飽きられることなく、高いリピート率が維持できていることを説明してきました。

ここでは、「お客様を飽きさせない」ための仕組みについてお話します。

プレショーとメインショー、そしてポストショー

ディズニーのアトラクションには、プレショーとメインショー、そしてポストショーがあります。プレショーで徐々に気持ちを盛り上げておいて、メインショーをより楽しめるようになっています。そしてポストショーで余韻を楽しむ流れです。

学生時代の修学旅行を思い出していただければ分かりやすいと思います。たとえば京都へ行くならば、事前に清水寺や金閣寺のことを調べてから行ったほうが、何も知らずに行くよりも数倍楽しめるものです。

「何も知らずに金閣寺を見る」ことは、いきなりメインショーを見ることなのです。それに対して「事前に調べてから金閣寺を見る」ことは、プレショーを見た後にメインショーを見るのと同じことです。だからディズニーのアトラクションは、ほかのテーマパークのアトラクションに比べて、より楽しめるようになっているのです。

ディズニーはひとつのアトラクション内でプレショーとメインショーそしてポストシ

ョーを完結させています。何も知らずに遊びに来た人が十分楽しめるようになっているのです。

たとえば『ビッグサンダーマウンテン』では、まったくそのアトラクションがどんなストーリーなのか分かっていなくても、実際に一歩足を踏み入れれば（ソフト構築のもと、本物志向でつくられた小道具も手伝って）、

「ん？　なんか金鉱みたいだな」
「そうか、アメリカのゴールドラッシュのころか」

といった具合に、徐々にストーリーが分かってくるのです。ですからその後に来るメインショーがより楽しめるわけです。

そしてメインショーのライドアトラクションから降りてきても、すぐに出口から出るわけではありません。表通りに出るまでには、メインショーの余韻を楽しむポストショ

ーが準備されています。なかには『カリブの海賊』のようにポストショーが写真館であったり、レストランであったりするのです。

待ち時間のトリック

「ディズニーランドは混んでいる」。これはもはや当たり前のことになっています。入場制限に阻まれず、入場できただけでラッキーと思っている人も多いことでしょう。

それはさておき、最近では人気のお店（「行列のできるラーメン店」など）では、「待つ」ことが当たり前のようになり、東京都内でもあちこちで待ちの行列を見かけるようになりました。

もちろんディズニーランドでも、行列のできるお店のように、人気のアトラクションは「待つ」ことが当たり前です。混雑時などでは、ほとんどのアトラクションが一時間以上の「待ち時間」になることも珍しくありません。

この「待ち時間」を解消するために、「ファストパス」という一種の予約券のようなサービスもありますが、ディズニーのテーマパークがほかと異なる大きな点として、この「待ち時間」についての独自の考え方があります。

待つのと待たないのとでは、待たないほうがいいという人が多いはずです。「待つ」という時間帯は、人間にとって嫌な時間だからです。

ディズニーでは、この「待つ」という時間帯でさえ、「どう演出できるか」「どう楽しませられるか」ということを、ソフト構築の段階から徹底的に考えているのです。

待つ人たちの列のことをキューラインと言うのですが、その幅は約一メートルに設計されています。一メートルは、大人二人が並ぶとギリギリの幅です。この幅はアトラクションが処理できる人数と連動して、「同じところでじっと待たせない」ようになっています。少しずつですが、徐々に徐々に、前に進むことができるのです。ですから同じ場所でずっと待たされることはありません。

心理学的には、人間がじっと何かを待って我慢していられる時間は三分だと言われています。そのことから、同じ場所で一定時間待たせるのではなく、少しずつ移動しながら待たせることで、少しでも「待つ」という嫌な時間を和らげようとしているのです。

たとえば、ひとつのアトラクションに収容できる人数が三〇〇人だからといって、三〇〇人全員を一気に入れてしまい、アトラクションが終了するまでの五分くらいの間、ずっと同じ場所で待たせる。そしてアトラクションが終了したら、また三〇〇人全員入れて、入れなかった人たちは、同じ場所で待たされる。これでは、待たされるほうは苦痛でしかありません。

キューラインがジグザグになっているのも、単に整理する（面積的にも節約する）ためだけではありません。ゲスト同士を対面させることによって、少しずつコミュニケーションが生まれてくることを目的にしています。意地悪でグルグル回されているのではないのです。

これはディズニーに限らず、ほかのテーマパークでのキューラインでよく見かけるようになりました。もちろんディズニーのようなソフト構築があってのことだと思います。

本物志向が待ち時間にも貢献している

ソフト構築の段階から、「待ち時間」もきちんと計算されています。ディズニーランドのアトラクションの特徴の一つに、隠された小道具が無数に使われていることがあります。

普通のスピードで歩いていたら、何度乗っても気づかないところに、実にさまざまな小道具が使われているのです。なかには、振り向かないと気づかない位置にも使われていることもあります。

これはソフトづくりの段階から、

「あれ知ってる?」
「これ知らないの?」

という話題づくりのために、あえて隠された位置に、つくり込んだ小道具を置いているのです。でなければ、振り向いたり立ち止まったりして見なければ分からない位置に、コストをかけて小道具をつくり込むことなどありません。

特にこれらの小道具は、立ち止まってゆっくり周りを見渡さないと気づかないものがほとんどです。そうです。待ち時間を退屈させないように、ありとあらゆるところにディズニーのサービス精神が現れているのです。

このディズニーの本物志向、手を抜かずにきちんとつくり込むことにより、待ち時間を退屈させないための、ゲストへの見えないサービスを提供しているのです。

「イラッシャイマセ」

最近はだいぶ減りましたが、銀行へ行くとよく聞くことができた「イラッシャイマセ」と「アリガトウゴザイマシタ」。

今でもたまにレストランチェーンの入り口で聞くことがあるのでビックリします。

お店に入ると「イラッシャイマセ」、帰るときには「アリガトウゴザイマシタ」と機械的に流れます。

昔はテープか何かだったのでしょうが、最近は技術的な進歩を遂げて、専用の機械なのでしょうか。いずれにしても生身の人間の笑顔と声のない、「イラッシャイマセ」です。これは何のためにあるのでしょう?

銀行の出入口で、このような「音」を聞くことに文句は言いません。ただ、「お客様へのサービス」を前面に出し、それを中心としてマネジメントや営業がなされているレストランでは、はっきり言って閉口してしまいます。

あいさつの言葉はいろいろあります。「いらっしゃいませ」「ありがとうございました」「こんにちは」「こんばんは」「お疲れさまでした」「お世話になります」など。

レストランに入ったときに聞いた、この機械的なあいさつに対して、「あー、僕はこの店に来て歓迎されているんだ」「ちゃんとあいさつのできる入り口があってよかった」と感動して喜ぶ人が、はたして世界中にいるのでしょうか?

それは絶対に皆無のはずです。少なくともホスピタリティという言葉を知っている人、聞いたことのある人、知らなくともサービス業、ホスピタリティ産業と言われる業態に携わっている人なら、「これは変! うるさいだけ! 雑音だ」と思っているに違いありません。ジョークでやっているにしてもきついです。

ソフトの構築段階で、レストランというサービス業にとっては、本当にこの設備が必要だと考えて、導入したプロジェクトリーダーの方は、すぐに去ったほうが業界のためです。

これに費やした設備投資(設備費、使用した電気代、お客に対する迷惑料など)を、従業員の教育・トレーニング費として使用すれば、どれだけ経営に対して貢献したことでしょう。

ソフトの構築をすることは重要ですが、やればいいということではありません。その中身が大切なのです。もう少し真剣にソフトの構築、プロジェクトワークをすべきです。

不要なものとしては、よく見かける「実習生」というネームタグも同じです。マネジメントサイドは必ず言い訳にします。口に出さずとも、「何か失敗したら実習生だから勘弁してください」と……。

「実習生」と表記されたネームタグは、廃棄しましょう。そして、それをマネジメントサイドのイクスキューズに使用することはやめましょう。サービスをしてくれるスタッフがベテランであろうと、新人であろうとメニューの価格は変わらないわけですから。

第4章

バックステージをつくる

バックステージにその経営が見える

ディズニー独特の考え方に、「オンステージ」と「バックステージ」というものがあります。オンステージとはゲストから見える範囲すべて、それ以外はすべてバックステージとなります。

オンステージでは、理念とテーマを実現するために、「本物志向」「つくり込み」「こだわり」といった情熱によって、「非日常的な世界」がつくりあげられています。

しかし、ディズニーがディズニーたる最大の特徴が、バックステージづくりです。

サポート体制をつくる

バックステージは、組織的な意味では管理部門のことです。運営（最前線でサービスを提供しているキャストや運営マネジャーたち）を本来はサポートする人たちのことです。

いわゆる経理や総務、人事といったところから、メンテナンスや倉庫管理など、「どうすれば運営は仕事がしやすいか」ということを考え、それをサポートする人たちすべてです。いくら最前線でサービスを提供するキャストを教育したとしても、この人たちのサポートがないと、順調な運営は成立しません。

広い意味でのバックステージは、この組織的な意味でのサポートと同じで、オンステージをサポートするバックステージがしっかりできているからこそ、オンステージはより光り輝くのです。

米・ディズニーワールドの秘密

米・ディズニーワールドには、地下に地上と同じくらいの広さのフロアがあります。一般のお客様からは絶対に見えることはなく、基本的に入ることもできないスペースです。

日本語の「裏方」には、あまりきれいなイメージがありません。むしろ汚いイメージがあります。「Staff Only」と書かれた扉の向こうに、高級マンションの一室と同じ空間が広がっていると想像する人はいないでしょう。

むしろ、休憩所と物置とロッカーが雑然とある、少し散らかった狭苦しい部屋をイメージするのが普通です。

ところが、米・ディズニーワールドの地下は、このイメージとはまったく違います。違うどころかむしろ逆です。なかなか言葉では表現しづらいのですが、それくらいきれいにつくってあると思ってください。地下にあるちょっとした高級住宅街のようで、ゴミ一つ落ちていないのです。

業務的用途としての道筋の案内も、新しくできた駅のようにきれいにつくってありま す（道筋の案内は路面にも描かれていますから、万博の会場が地下にそのままあるようなイメージです）。

この道を電気自動車が走っています。荷物を運んだり、遠くまで移動するときには電気自動車を使用します。

各アトラクションの下には、そこのキャストの休憩室などがあり、たいていの施設（トイレやドリンクなど）は、徒歩一分前後の距離にあります。

それ以外の施設も充実しています。理髪店、コンビニ、郵便局、銀行、食堂など、ほとんどの施設があり、たいていの用事は事足りるようになっています。

さらに社員食堂。これは地下だけではなく、地上の一番いい場所につくられています。ゲストのための一番いい食堂よりもいいところにつくられています。もちろん、ゲストから見えることはありません。

なぜ、莫大なコストをかけて、このような地下施設をつくったのでしょうか？

その考えられる理由は、

●「非日常的な世界」を完全に再現するために、ゲスト導線（ゲストが目にし、移動する場所）と、キャスト導線（従業員が働く場所）を明確に区別するため
●キャストを大事にするため
●効率よく作業させるため

の三つです。

荷物の搬入

私がはじめてこの地下施設を見たとき、驚きのあまり声を失ったのを覚えています。本当にしばらくの間、放心状態でボーっと眺めていたと思います。

誰が考えても、地下施設をつくることなど普通は考えもしません。また、これほどまでの地下施設をつくるためには、何倍も余計にコストがかかったはずです。

○○○ランド
レストラン
○○○ランド

しかしディズニーは、「非日常的な世界」を完全に再現するために、この地下施設をつくりました。

一日に来場する何万人というゲストのための食材、飲料水、お土産などを絶やすことはできませんし、一つの会社としての日常業務を行わなければいけません。社員のためのさまざまなサポートなど、とにかく多様な業務が絶え間なく行われています。

荷物の搬入をする業者は、それぞれの地下の入り口まで自社の車で来て、そこで電気自動車に荷物を積み替えたりして移動します。

日本のテーマパークの中には、ゲストのそばを宅急便のお兄さんが配達しているところもあります。宅急便が悪いわけではありません。せっかく日常から離れて楽しみに来ているのだから、できることなら会社業務などの日常生活で見るものは見たくないものです。

そういうものを目にしたとたんに、さっきまで楽しかった気持ちがフッと冷めてしまうことがあります。その瞬間にお客様はリピーターではなくなってしまうものです。

レストラン――五タイプのサービスの意義

人の食事は、たいてい次の三つのパターンに分けられます。

- ゆっくり食べたい人
- 早く提供してもらって、ゆっくり食べたい人
- もっと早く食べたい人

この三パターンそれぞれの要求に対して、五タイプの飲食サービスを提供しています。

- テーブルサービス
- バフェテリア（ビュッフェとカフェテリアの造語）
- ファーストフード

●カウンター
●アウトドア

この五つのサービスは、現在の外食産業と言われるもののほとんどを押さえています。

ファーストフードとは、セルフサービスの一つです。お客様自らがオーダーを取るカウンターまで進み、オーダーをしてお金を払い、カウンターで飲食物を受け取り、自分でテーブル（ないところもありますが）まで運んで食べるサービスのことです。

一般的にオーダーをしてから、飲食を受け取る時間が三〇秒以内で済ませられると言われています。ハンバーガーのお店や箱入りピッツァのお店などが、このファーストフードです。

カウンターはファーストフードとよく似ているのですが、ハンバーガーなどの調理をする必要のない形式のお店で、ジュースや袋入りのお菓子を販売するお店のことです。

レストランの種類
テーブルサービス
ご注文は…
バフェテリア
あれもおいしそ…
ファーストフード
○○円です
お品物です
カウンター
アウトドア
あ〜ん

ファーストフードの秘密

飲食店の売り上げは、客単価と客数で決まります。テーブルサービスは客単価が高くても、処理能力が弱い（回転率が低い）ものです。テーブル回転率が低いことのマイナス点は、店側にとっては売り上げ、お客様にとっては「待たされる」ことです。

このテーブルサービスを補う意味でも、ディズニーにはファーストフードがありますが、ファーストフード自体がディズニーの基本方針であるＳＣＳＥのＥ、「効率」の考えにあたります。

この効率をゲストの立場から考えると、

●混んでいたのでアトラクションに乗れなかった

●混んでいたのでレストランで食事ができなかった

といった不満を解消することができます。できるだけ多くのお客様にアトラクションや飲食のサービスを提供できるように「効率」をよくするのです。

客回転率重視のサービスであるファーストフードは、経営側にとっての回転率の問題と、お客にとっての「待ち」の問題が、ともに解消できるのです。

また、第3章の「日常的なものも、徹底的に非日常的なものにする努力」で登場したレジですが、ファーストフードのレジにはさらに別の役目があります。

一般のファーストフードでは、レジはカウンターの上にあります。順番が回ってくるとカウンターで注文し、そこでお金を払い、品物を受け取ります。

しかしディズニーのファーストフードは、カウンターの手前にキャッシュレジスターを設置しています。これは、事前に注文と会計を済ますことで、品物を受け取るまでの時間を短縮しています。

さらに、アトラクションと同じキューラインが働いているので、徐々に前に進んでいくことで、心理的に待たされているという気がしないのです。

経営的にいかに効率を高めるかということと、お客様の心理的負担を和らげるための工夫が、本当によく考えられ、つくられています。

ファーストフードの落とし穴

ファーストフードは、「速い」ことが第一です。注文してから商品が出てくるまでの時間が速いのがファーストフードと思いがちですが、実は「メニューから選ぶまでの時間が速い」ことのほうが重要なのです。それは、

●メニューが少ない→注文が速い→メニューが少ないからつくるのが簡単→速い

ということだからです。もちろん手間暇がかからないので従業員も少なくて済みます。よって安価で商品を提供できるのです。

このファーストフードがメニューを増やしたらどうなるでしょうか？　そのことで今まで来店しなかった客層をとらえることができて、一時的な客単価が上がるかもしれません。しかしその反面、

●メニューが増える↓注文までの時間がかかる↓メニューが多いので、簡単につくれなくなる↓遅くなる

そしてさらに、

●メニューが多くなる↓食材の確保が増える（＝消耗品も増える）↓調理器具も増やす↓一人あたりの仕事が増える↓人手も増える

ことになります。これではファーストフードのメリットがなくなってしまいます。

メニューを増やした大手ファーストフードチェーンから、景気のいい話を聞かなくなった原因は、これだと思います。

ファーストフードでの値下げのトリック

「値段が高いから売れない」という話をよく聞きます。そこで「値下げ」をセールストークにしてより多くのお客様にたくさん買ってもらい、値段を下げた分は個数を売れば

補えると考える人が多いようです。

この「値下げ」ですが、実は表面的な数字だけを見ていると陥りやすい、特にファーストフードの場合はこのトリックに陥りやすいのです。

たとえば表面上の数字だけを見ると、「半額セール」として二〇〇円のモノを一〇〇円にして売ったとしても、倍の二個を売れば同じ二〇〇円の売り上げです。しかし、その商品を一個つくるときにかかる光熱費や人件費は半額になりませんから、倍の二個で相殺できないどころか、三個かそれ以上の個数を売らないと、値引き前の利益に追いつかないのです。

ところが、普段の三倍以上つくる設備能力があるのでしょうか。三倍以上働かないといけない従業員には、三倍以上の給与が支払われるのでしょうか。もしくは、三倍以上の人件費を費やすことができるのでしょうか。

やがて従業員から笑顔が消え、ファーストフードとしてのサービスが雑になります。このような環境でお客様に納得していただけるサービスを提供して、リピーターとして再び来店していただけるでしょうか。

私にはとてもそのようには思えません。

ディズニーのバフェテリア

ディズニーのバフェテリアサービスのレストランは、自分で好きな食材を取るようになっていますが、その順番が、

サラダ↓デザート↓スープ↓メイン料理↓ドリンク

の順番で取るように並べられています。

普通の食事の順序（国によっても違いますが）としては、まずスープを食べ、サラダを食べてから、メイン料理。そしてデザートとドリンクという順番で食事をします。

ではなぜ、この順番に沿って食材が並んでいないのでしょうか？

バフェテリアなどで食事をする人は、おなかが空いているのですから、「メイン料理」

を必ず取ります。その次がドリンクでしょうか。

サラダやスープ、デザートなどはいらない。とにかくメイン料理があればいい。

あとはドリンクがあるだけで万々歳！

という人が多いのです。その反面、「デザートだけがあればいい」という人は少ないですし、デザートだけを食べたい人は、はじめから違うところで食事をするはずです。

これが現状ですから、もしも今とは逆の順番で置いてあったらどうなるでしょうか。ドリンク、メイン料理とトレイに載せたときに、その先にあるスープやデザート、サラダを手に取ろうとするでしょうか？　トレイのスペースはある程度埋まってしまいますし、もうすでにメイン料理が載っているのですから、「もういいかな」と思われて、手に取る確率はガクッと減るはずです。

ところが、まだトレイに何も載っていないうちに、最初にサラダが目に飛び込んできたらどうでしょう。おなかも空いていますし、サラダは彩りがきれいでおいしそうです。

ドリンク
メイン
スープ
デザート
サラダ
A
スタート
レジ
B
スタート
レジ
ま、これでいいか
A
ついつい どっさり
B

野菜は健康にいいことも知っていますし、外食だからサラダを取ろうという意識が働く人もいるでしょう。ついつい手が伸びてしまいます。

次はデザートです。特に女性はデザートが好きですが、普段は体重などを気にして我慢している人でも、遊び回っておなかが空いていますし、トレイにまだメイン料理が載っていませんから、ついつい手が伸びてしまいます。やっぱり食後のデザートは最高ですからね。

たとえスープを取らなかったとしても、「サラダとデザートがあるからメイン料理はいらない」という人はほとんどいません。そしてメイン料理やドリンクが取られていくのです。

このように、なかなか手に取ってくれないものから順に並べることで、客単価を上げているのです。ですから不思議なように、レジに来たときにはトレイからあふれるくらいに載せています。

非生産エリアの重要度

サービス業には、「生産エリア」と「非生産エリア」という考え方があります。

生産エリアとは売り上げを生むエリアのことです。テーマパークのアトラクションやレストラン、グッズショップなどです。

非生産エリアは、直接売り上げを生まないエリアのことです。倉庫や厨房、トイレや休憩所、事務所、喫煙所などが該当します。

生産エリアが売り上げを伸ばすのですから、普通は生産エリアに経費をかけます。人を増やしたり、売れそうなメニューを考え出したり、店のレイアウトを変更したりします。

しかし、それで必ず売り上げが伸びるわけではありません。そのような場合は、この「非生産エリア」を軽視していることが多いようです。

ここでは、直接売り上げを生まない非生産エリアの重要性についてお話します。

生産エリアって何？　非生産エリアとは？

少し細かい話になってしまうのですが、ディズニーでは「オンステージ」と「バックステージ」という考え方をしています。このオンステージの大部分が生産エリアに該当して直接、売り上げにかかわってきますが、その中にもお客様用のトイレ、通路、植栽、ファーストエイド、インフォメーションセンターなどは、オンステージ上にある非生産エリアになります。

バックステージは、ほぼ一〇〇パーセント近くが非生産エリアに該当します。ここでは「非生産エリア」の、売り上げに対する影響についてお話しします。

売り上げを生まない非生産エリアの秘密

敷地には限りがあります。レストランはもちろん、広大なテーマパークにも、敷地には限界があります。

この限りある敷地の中で、直接売り上げに結びつく生産エリアをできるだけ多くし、非生産エリアを少なくするのが、売り上げを伸ばすひとつの方法だと考えます。

たとえば、五〇席あるレストランが常に満席だったとします。さらに売り上げを伸ばそうと、生産エリアを大きくして席を一〇席増やし、トータル六〇席にすれば、席を増やした分の売り上げが伸びる「はず」です。

ところが、今までは四人でやりくりできたテーブルサービスが、一〇席分増えただけ手が回らなくなり、五人必要なことが判明しました。これで単純に人件費が一人分増えます。

テーブルサービスをアルバイトでまかなっているとすると、常時五人必要な場合は、さらにそれ以上の人数を確保しておかないとローテーションが組めませんから、少なくとも二人以上採用する必要があります。

時給制なので、出る人件費は一人分ですが、制服は二人分必要です。もしかしたら更衣室のロッカーも増やさないといけないかもしれません。

また、今までよりも注文が多くなりますので、コックさんを一人増やさないといけないかもしれません。それだけでなく、食材も多めに確保しなければいけないので、冷蔵庫も大きくする必要が出てきました。

ところが、席を増やすために非生産エリアを小さくしてしまったので、従業員用の更衣室や厨房に影響し、それらのことが不可能です。

これで本当に一〇席分の売り上げは伸びたのでしょうか?

もしくは、エリア的な変更はいっさい行わずに、座席を詰めることで席を増やし、人員的にはすべて今まで通りだとしたら、はたして売り上げは増やした座席分だけ伸びるのでしょうか?

思惑通りにはいかないでしょう。従業員の負荷が多くなるので、今まで通りの十分なサービスが提供できません。注文をなかなか取りに来てくれなかったり、注文してもいつまでたっても料理が出てこなかったりと、お客様の不満は募るはずです。

このように、単純に生産エリアを大きくし、非生産エリアを小さくすればいいというものではありません。それを裏付ける事例として、コンビニエンスストアのドリンク売り場を考えてみましょう。

非生産エリアを大きくすることで得られたメリット

コンビニエンスストアには、ドリンク売り場があります。ドリンクを取ると、自然にその奥にあるドリンクが前面に出てきます。

ドリンクを選んでいると、たまにドリンクを補充している冷蔵ショーケースの後ろ側にいる店員さんと目が合って、ちょっとびっくりしたこともあるかと思います。

しかし、コンビニができはじめた当初は、このような出来事は起こらなかったはずです。なぜならば、店員さんがドリンクを補充するときは、お客様側から、お客様がドリンクを取り出す側から補充していたからです。

ところがお客様がいるときに堂々と補充していたのでは、買い物の邪魔になるだけでなく、与える感じもよくありません。買い物を邪魔されるので、回転率も悪くなります。

または、お客様の買い物の邪魔をしないようにと、すきを見て補充するのでは、空いているときならいいかもしれませんが、混んでいるときは最悪です。補充を終えるのに何十分（ときには何時間）かかるか分かりませんし、補充している間はほかにレジ担当が必要になるかもしれません。

そこで生産エリアを削り、非生産エリアである倉庫を冷蔵庫と一緒にして、現在のように冷蔵庫の棚の奥から補充できるようにしたのです。

生産エリアである商品展示スペースを削って非生産エリアを増やすということは、いっけん売り上げが下がるように思いますが、決してそうではありません。効率重視のコンビニエンスストアらしいと言えばそれまでですが、非生産エリアの重要性を知っているからこそできることなのです。

決して生産エリアを増やさずに、非生産エリアを増やせば売り上げが伸びると言っているのではありません。

敷地に限りがないのであれば、生産エリアを増やして売る商品を多くしたほうが、売

コンビニ見取り図
昔
ドリンク
レジ
今
倉庫
ドリンク
レジ

り上げは伸びます。しかし、やみ雲に生産エリアを増やせばいいのではなく、非生産エリアの役割と重要性を考えたうえで、バランスのとれたベストな手段を施すのが大切なことです。

特にコンビニエンスストアなどは、限られたスペースで営業していますから、生産エリアを削って、展示できる商品を減らしてまで、非生産エリアを多く取ることにはためらいがあって当然です。

しかしあえてこれを行ったというところが、コンビニエンスストアの強さなのです。

米・ディズニーワールドの考える非生産エリアとは

この、「店員さんが裏から補充する」というコンビニエンスストアのシステムこそが、実は米・ディズニーワールドの「先入れ先出し」のシステムなのです。

「先入れ先出し」とは、読んで字のごとく。先に入れたものから先に使用（販売）することです。自然と古いものから先に使っていけるシステムです。

入
出

ディズニーの物流でも、「先入れ先出し」が基本です。ちなみに私が米・ディズニーワールドに入社した一九七九年の時点では、このシステムが完全に機能していました。倉庫（地下倉庫も含む）からレストランの冷蔵庫など、とにかく物流は「先入れ先出し」になっています。

米・ディズニーワールドでは、五〇〇坪や一〇〇〇坪以上ものドでかい倉庫がいくつもあります。地下施設以外で驚いたことの一つが、この倉庫です。

その倉庫内の棚には、すべて棚板にローラーがついていますから、取り出しと棚入が楽に行えます。

もちろん取り出し口と搬入口は一緒ではないので、業者さんが倉庫に搬入しているときでも、自由に荷物を取り出せるようになっています。

倉庫などの非生産エリアは、小さいに越したことはありません。このようなシステムにすることで、敷地面積は普通の倉庫の倍近く必要になっているのかもしれません。

しかし、五年、十年というスパンで計算すると、その倉庫をつくるために要するコストは、その倉庫のために削ることのできる人件費や在庫管理などで相殺できてしまうのです。

このようなことまで、ソフト構築の段階で徹底的に検討されていることは言うまでもありません。

日本の不思議なサービス④

トイレの張り紙なんでだろう？

ファミリーレストランなどのトイレに入ると、「お掃除チェック表」なるものが、ここぞとばかりに貼ってあることがあります。

どうやら定期的にチェックをし、チェックをしたスタッフが、チェック表にサインをしているようです。

しかし、なぜこれがお客様から見えるところ、むしろ目立つところに貼ってあるのでしょうか？

昔から、「トイレはレストランの顔である」と言われています。レストランに限らず、サービス業ではトイレがキレイであることは大事なことです。そのためにチェック表をつくり、定期的に店員がチェックすることは大切なことです。

だからといって、それをお客様に分かるように貼り出して、

「当店は、トイレを定期的に掃除しています」

ということをお客様への「目に見えるサービス」として提供しているのでしょうか？

本書では、目に見えないサービス、バックヤードの大切さについてもお話しています。このようなチェック表は、目に見えないサービスです。それをわざわざお客様に見せることで、何のメリットがあるのでしょうか？

きちんと掃除されているトイレかどう

かは、チェック表を見ずとも、入った瞬間、使った瞬間に分かります。だったらせっかくトイレをきれいに維持するためにつくったチェック表は、従業員だけが見られるところに貼っておくべきなのです。

むしろお客様から見えるところに貼っておくことは、「この店は一時間に一回しかチェックしかしていないのか！」と思われるかもしれませんし、チェック表がヨレヨレになっていたり、または薄汚れていたりしては、かえって逆効果です。ましてて誰のサインも記されていないチェック表は言語道断です。

お客様へのサービスは、見えない部分が大切なのです。もういいですから、スタッフ用のものとして、お客様から見えないところに掲示しませんか？

マニュアルがこの業界の常識として定着してきたころは、それが正しく理解されず、上司からはマニュアル以外のことをしていけません、などと指示されていたのでしょう。その指示通りに実行している店員さんは立派だと思いますが、きっと心の中では、「こんな変なことでいいのかな？」と自問自答しているのではないでしょうか。

効率、利益率だけを目的にマニュアルを作成すると、サービス業としての目的からずれてしまうので、結果的に提供されるサービスが不思議なサービスになってしまうものです。

もちろんサービス業でも、「利益の追求」は重要なことです。だからこそ、「お客様に何度も来ていただく」ことが重要なのです。

第5章

教育とトレーニングはこうする！

社員教育はこうする！

ウォルト・ディズニーは「人財」を第一に考え、その精神を受け継いだ組織としてのディズニーも、社員教育を重視しています。

ディズニーに限ったことではなく、社員教育の重要性に気づいている人は多いと思います。しかし、「何を、どう教育（トレーニング）すればいいのか」ということまで十分に分かっている人は少ないのではないでしょうか。そして社員教育は、業種や職種によって教える内容が異なります。

ここでは教える内容のことではなく、教育やトレーニングを行うときのポイントをお話しします。

社員教育と言っても、「新入社員研修」「アルバイトのための教育」「日々の業務の中で行うトレーニング」などありますので、「教育」と「トレーニング」という二つのことを中心としながら、サービス業における社員教育の重要性についてお話します。

実際にお客様にサービスを提供しているのは誰なのか

サービス業は言うまでもなく「お客様へのサービス」を売りにしています。サービス業はお客様があってはじめて成り立つビジネスなのです。

そのお客様へのサービスは、リアルタイムで提供されます。予約も保管もできません。そのタイミングを逃がしてしまうと、サービスは提供できないものなのです。

そのサービスを実際に提供しているのは誰でしょうか？　有名なカリスマ社長でしょうか。それとも部下に人気のあるマネジャーでしょうか。

違います。（組織的には）末端にいる従業員たちです。

「カリスマ経営者」と呼ばれる人がトップにいて、素晴らしい経営理念を唱えていたとしても、お客様に接する従業員がきちんと教育されていなければ、リピーターとしてお客様を獲得することはできません。一度は興味半分で来店したものの、何の感動も得られず、期待を裏切られたような気持ちで帰っていかれることでしょう。

「カリスマ経営者」だろうと、どれほど素晴らしい経営理念があろうと、それがきちんとお客様に伝わらないようなサービスでは、何の意味もありません。

そのためには従業員が優秀でないといけません。きちんと教育とトレーニングを施された優秀な従業員がいなければ、お客様に満足していただけるサービスを提供することはできません。

ですからお客様と接する従業員の善しあしによって、サービス業で成功するかしないかが決まると言っても過言ではないのです。

これを一番よく理解していたのが、ディズニーの創始者、ウォルト・ディズニー自身だったのではないでしょうか。

「ディズニーでの教育を受けました」という履歴

ディズニーの創始者、ウォルト・ディズニーは、

「人は誰でも、世界中でもっとも素晴らしい場所を夢に見、創造し、デザインし、建設することができる。しかし、その夢を現実のものとするのは、人である」

と言っていました。

私が米・ディズニーワールドに勤務していたときに、同僚が転職するというので、いろいろ話を聞いたことがあります。転職活動の話を聞くと、「ディズニーで働いてる」というだけで、ほとんどの企業が採用してくれるそうです。その理由が、

「ディズニーでの教育を受けている人だから」

だというのです。そもそも米・ディズニーワールドから転職する人がほとんどいないために、同じサービス業での話だと思って聞いていると、異業種の企業でも採用してくれるそうです。それほどディズニーの教育は、アメリカ国内で認められているのです。

ダイヤモンド社刊行の『ビジョナリー・カンパニー』の中で、ディズニーはビジョナ

リー・カンパニーとして位置づけられています。「確固たるビジョンを持って経営されている企業」なのです。

このことからも分かるように、ディズニーのビジョン、企業理念は素晴らしいものなのです。しかし、その企業理念がお客様に伝わらないのであれば、まったく意味がありません。

ディズニーはこのことに気づき、自社の持つ理念に揺るぎない自信がある以上は、どのようにすればそれをきちんとお客様に伝えられるのかを考えたのです。そして導き出された答えが、「直接お客様と接する従業員が、それをきちんと伝えられること」だったのです。そのために必要なことが、「教育とトレーニング」なのです。

教育とトレーニング（訓練）の違いは何？

私は社員教育を、「教育」と「トレーニング」の二つに分けて考えています。この二つは、次のような意味合いで分けています。

教育：「ＯＦＦ　ＪＴ（オフ・ジェイ・ティー＝OFF THE JOB TRAINING）
トレーニング：「ＯＪＴ（オー・ジェイ・ティー＝ON THE JOB TRAINING）

飲食施設を例にとると、トレーニング（ＯＪＴ）としては、現場で実際のサービス方法（サービステクニック）などを教えます。具体的には、

- メニューブックの持ち方
- 入り口からテーブルまでの誘導の仕方
- 着席の誘導方法
- メニューブックの提示の仕方

- お水の提供順と方法
- オーダーの取り方
- オーダーの記入方法

などです。また、お客様にはどのような声をかけるのかも一緒に教えます。

これらを実際の現場で指導するのがトレーニング（ＯＪＴ）です。

教育（ＯＦＦ　ＪＴ）は心の持ち方、あり方を教えることです。現場ではなく、主に部屋で実施するものだと思ってください。

たとえば、

- サービスの心構え
- ホスピタリティとは何か
- 計数管理とは何か

●マネジメントとは何か
●管理者研修
●購買業務とは何か

などなど、現場では教えられないことを教えるのが教育（ＯＦＦ　ＪＴ）です。

社員教育では、この二つをバランスよく行うことが大切です。

なぜ社員教育が必要なのか、そのメリット

社員教育は何のために、そしてなぜ必要なのでしょうか。

サービス業で成功を収めたいのならば、お客様に満足していただけるサービスを提供できるように、直接サービスを提供する従業員に対して、きちんと教育とトレーニングを行うことです。

しかし、これほど明白なことが実行されていないのが現状です。

それはなぜでしょうか?

教育やトレーニングは、すぐに売り上げに結びつきません。売り上げという目に見える数字だけにとらわれてしまうために、教育やトレーニングにコストをかけるのではなく、より即効性のあるものに使いたがるのです。その結果、教育やトレーニングが十分に行われていないのです。

しかし勘違いしないでください。教育やトレーニングは売り上げに直結するものです。「すぐに」結びつかないだけで、「徐々に」結びついてくるものなのです。

そこで教育(OFF　JT)とトレーニング(OJT)によって、お客様、従業員、経営がどのようなメリットを与えられているのか、ディズニーを例にして整理しておきましょう。

ディズニーでは、もちろんゲストにとっても、キャストにとっても、そして経営にとっても、教育とトレーニングは必要なものと考えています。

まず、ゲストは入園券の費用よりも、はるかに高価なサービスを受けられることになります。また、ゲストにとってはキャストが正社員であろうと契約社員であろうと、ま

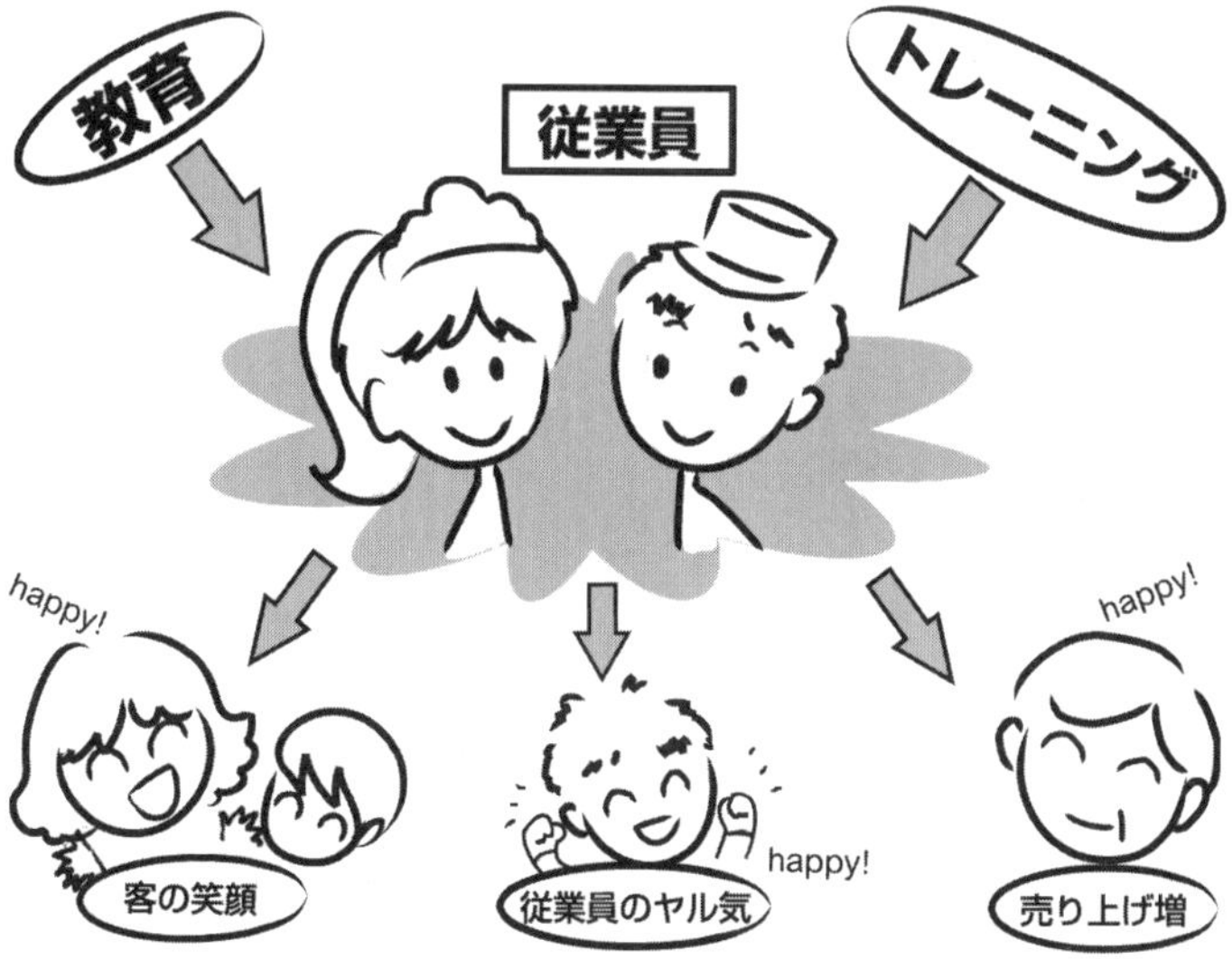

たはアルバイトであろうと一切関係ありません。ゲストにとってはすべて同じ従業員なのです。

教育とトレーニングが行われることで、どのキャストからでも基本レベル以上のサービスを受けることができます。

ゲストに接するキャストにとっては、働く安心感を得て楽しく働くことができます。キャストの楽しさは必ずゲストにも伝わるので、ゲストのためにもなります。

経営にとっては、サービスレベルの維持、向上、キャストの定着率アップによる高い労働生産性の確保、売り上げやコストの適正化など、教育やトレーニングから得られる恩恵は計り知れません。

いまだに「代わりはいくらでもいる」とか、「不景気だから採用が楽」といった声を耳にしますが、そう言っているところほど売り上げが伸び悩んでいるようです。離職率が高いために高い労働生産性が維持できないのですから、いつまでたっても売り上げが伸びないのは、自業自得なのです。

どうでしょうか、これでもまだ教育とトレーニングに時間とコストをかけるのをためらいますか？　特にサービス業においては、社員教育がもたらすメリットは数え切れません。それでは、社員教育のいくつかを具体的に考えていきましょう。

「ここは最高だ！」と思ってもらうのが新入社員研修

きちんと社員教育を行っている企業、店舗ならば、教える内容やトレーニングメニューはきちんとしたものだと思います。

実は内容の善しあしを考える前に、しておかなければいけない重要なことがあります。

たとえばレストランへ入ったときに、「うちは食材に気を遣っています。野菜は有機野菜で、魚は天然の○○。だから、うちの食べ物はおいしいし、体にもいいんです」と言われたとしても、本当に味の違いが分かって、体にいいと実感できる人など、ほとんどいません。

しかし、はじめにそう言われてから食べてみると、そのように感じてしまうから不思議なものです。

ワインもそうではないでしょうか。「このワインは何年モノで、ああやこうだから、おいしいワインなんです。だから一本一〇万円もするんですよ」と言われても、本当に味の分かっている人はごく一握りです。「やっぱ高いワインはうまい」と飲んでいる人の大半は、あらかじめ「高いものだから、おいしくて当然」と頭に刷り込まれていたから、そう思って飲んでいるだけだと思います。

新入社員も、働く前から「ここで働くことは楽しいことなんだ」ということを聞いたり、思ったり、感じたりしたならば、自然と働くことが楽しくなってくるものです。

ですから、いくら時間とコストをかけて新入社員に研修をしたとしても、最終的に

「この職場で働くことは楽しいことだ」と思ってもらえなかったなら、研修は何の役にも立っていないのです。

新入社員研修の最終日に社長の名前を誰も覚えていなかったという話は、よく聞くたとえ話ではなく実情なのです。それほど、新入社員研修などで教えた内容は、すぐには身につかないものなのです。ですから新入社員研修では、

「ここは働く人を大事にしてくれるところなんだ」
「ここで働くことは楽しいことなんだ」

ということを、心に残るように伝えなければいけません。

ディズニーの新入社員研修は?

ディズニーの初日のトレーニングは、「イメージトレーニング」と言っていいと思い

ます。ディズニーで働くことがいかに楽しいことなのかを、徹底的に伝えるのです。
初日の最後には『It takes people』という五分くらいのスライドを見せます。その内容は、音楽にのせてディズニーで働いている人たちの笑顔が次から次へと映し出されます。

このスライドを見れば、誰でも「ここで働くことは楽しい！」と感じるはずです。
「一万円あげるから、今日教えたことは忘れないで、職場で生かしてください」と研修の最後にお願いしても、次の日になると忘れられてしまいます。これが現実です。一回の教育ですべてを身につけさせることなど不可能なのです。

日々の業務の中で、何回も何回も、ほめてあげたり、注意したりして、覚えるまで丁寧に繰り返し教えなければ、現場で役立つ技能は身につきません。

これをどうシステム化して、教育&トレーニングできるかということがひとつのポイントです。

ディズニーは、これが世界で一番うまい会社なんだなとつくづく思います。

どこで新入社員研修を行っていますか？

新入社員研修を行う「場所」について考えてみましょう。

経費を削減するために、安く借りられるところならどこでもいいと考えて、市の公民館や、古くて汚い場所、または社内に無理矢理つくったスペースを使ったとします。

もちろん、机やイスにもお金はかけませんので、あり合わせのもので済ませてしまいます。

このような環境で研修を受ける人たちの心情はどのようなものでしょうか？

「私たちは大事にしてもらっているな」

「今は不景気だから、きちんと経費削減をしている素晴らしい会社だな」

と感心するでしょうか？

絶対にそのようなことはありません。むしろ逆です。

「なんだこれは？　お金かけてないな！　どうせそんなもんか、俺たちなんて」

これに近い感情のはずです。このような状況で「ここで働くと楽しいことがたくさんありますよ」ということを伝えられるでしょうか？　絶対に無理です。このような環境で研修をするのでしたら、（社員の気持ちを考えると）はじめから何もしないほうがマシです。

ディズニーは、安いパイプイスに座らせ

たり、エアコンが入っているかどうかわからないような部屋だったり、窓のないような薄暗い部屋だったり、壁がはがれているぼろい部屋で教育を行うことはしません。一流企業の役員会議室を想像していただければいいと思います。床にはカーペット、肘掛がついた役員が座るようなイス、自動開閉装置がついた高級感のあるカーテン、映画でも見るような音響施設などが設置され、一歩入れば「働く人を大切にしているんだな」と、自然と感じてしまうのです。

キャラクターを持つ企業の強み

研修を行う会場の準備をするときのポイントです。

ディズニーにはキャラクターがあるので、トレーニングルームにディズニーキャラクターのぬいぐるみを置いたり、ポスターを貼ったり、テレビでディズニー映画を流しているだけで、会場の雰囲気はリラックスしたものになります。

ディズニーはキャラクターを持っているおかげで、この最初の雰囲気づくりは完璧ですが、そのディズニーでさえ、さらにトレーニーをリラックスさせるための準備をしています。

そのひとつが、全員が会場に集まるまで、そこに音楽を流すことです。会場が少人数用の部屋だったりすると、シーンと静まりかえっているところに、コツコツ足音を響かせながら入っていくのは、とても緊張します。すでに着席している人も、その響く足音がするたびに緊張してしまいます。

これでは誰もがリラックスなどできませんので、必ず音楽を流すようにしています。

私が総支配人としてプロジェクトを担当したHテーマパークも有名なキャラクターを持っていましたが、研修を行った当時はポスターぐらいしかできていませんでした。貼ってないよりは貼ってあったほうがよかったのでそれを貼り、お土産というわけではないのですが、キャラクターつきの特製鉛筆を研修参加者に配りました。

もちろん部屋にはBGMを流して、少しでもリラックスできる環境をつくり、経営側としてできるだけの「トレーニーを迎える体制」をつくりました。ちなみに新入社員研修の場所は、YMCAの立派な研修所を三日間借り切って行いました。

キャラクターを持たない一般企業ではどうすればいい？

しかし、普通の企業にそのようなキャラクターがあるところは多くありませんから、どのようにしてトレーニーの心を和らげたらよいのでしょうか。

それは迎える人たち（会社側）の笑顔です。受付はもちろん、進行のスタッフ、トレーナーすべてです。その人たちの笑顔が、リラックスさせる最高のキャラクターになるのです。

また、普通はトレーニーが全員そろって（席に着いて）からトレーナーがやってきて、「では、はじめましょうか」という流れで研修がはじまります。

しかしそれでは、今までせっかくつくりあげた「トレーニーを迎える体制」が、意味のないものになってしまいます。講演をするわけではないのですから。

特に新入社員研修などでは、トレーニーは緊張しています。緊張しながら聞いた話は、家に帰ってホッと一息つくと、すべて忘れてしまうものです。緊張がほぐれたときに何も残らないのでは、これまた意味がありません。

なかには、家に帰ってもう一度復習するまじめな人もいますが、やはりほとんどの人は緊張しながらトレーニングを受け、トレーニングが終了したときには、「やった！終わった！」という安堵感と開放感から、せっかく覚えたことを全部忘れてしまうものです。

ですからトレーナーが一番最初に会場にやって来て、笑顔でトレーニーを迎え入れるようにするのです。

もちろん身だしなみ（髪の毛、服装など）もきちんとしていなければいけません。そして「よく来てくれたね」と笑顔で迎え入れるのです。

相手にきちんとさせる前に、まずは自分たちがきちんとすることです。

研修の内容はその業種や職種によって多種多様ですが、「どう迎え入れてあげられるか」という雰囲気づくりは、すべてにおいて大事なことです。

面接は「している」のではなく「されている」

面接のマニュアル本などには、「面接の際、会社に入る前から会社はその応募者を見ています」などと書かれています。

しかし、これは面接を受ける側だけに言えることではなく、する側にも言えることです。むしろ面接を受けている側のほうが、する側をよく見ているのです。これは就職難の時代でも変わることはありません。

面接会場やトレーニングルームの内装・設備はどのようになっていますか？　プレハブで、使われなくなった机、折りたたみのパイプイスなどを使っていませんか？　それは経費を節減するためにそのような方法を取っているのですか？

よく考えてください。はたしてそのような出迎え方が、本当の意味での経費節減となり、将来的には会社に寄与されるのでしょうか？

答えはノーです。面接や説明会に要する少しばかりの経費をケチッたばかりに、これから一緒に働く社員の士気に大きな影響を与えていることを忘れていませんか？　特に大がかりなプロジェクトなどの場合では、面接や説明会、そしてトレーニングルーム会場などを立派につくったとしても、その費用は総投資額のいったい何パーセントなのでしょうか。

私がかかわったテーマパークでも、新入社員の採用試験の会場を決めるときは、「お金がかからない、町の公民館を使おう」というところがありました。こちらは「雇う側」で、面接に来るのは「雇われる側」だから、面接をするのは安ければどこでもいいと考えがちですが、そうではありません。

従業員を出迎える立派な施設を見て、従業員たちは「必要のないところに金を使っているな」と思うでしょうか？　とんでもありません。それどころか本人たちも知らず知らずのうちに、「自分たちが使う施設に心配りがある会社だな。自分たちは大切にされているんだな」と感じてくれるものなのです。従業員を出迎える会社の姿勢や誠意は、確実に伝わるのです。

また、能力の高い人ほど、採用する側を見ているものです。私たちは面接をしながらも、彼らに面接されていると考えていなければいけません。

そのためには、コストをかけずに安っぽい場所で面接を行うのではなく、きちんとした立派な場所で面接を行うことが大事です。それだけでも、面接に来てくれる人たちに与える企業の印象は全然異なります。

面接に対する考え方は、なにもサービス業に限った話ではありません。業種も職種も問わず、すべてにおいて共通して言えることです。

採用側に「雇ってやるんだ」という意識が少しでもあると、必ずそれは受験者に伝わります。能力の高い人間であればあるほど、一緒に働いてはくれません。たとえ一緒に働いてくれたとしても、経験を積んだら必ず転職してしまいます。ようは「踏み台」にされて終わってしまうのです。

優秀な人材が去っていく企業の末路がどのようになるかは、私が説明するまでもないでしょう。

勘違い能力主義、アメリカ的経営崇拝の弊害が面接にまで

最近の面接では、自己主張ができて、自分の考えをはっきりと主張できる人が面接をパスしている傾向があるようです。しかし、それを能力主義とかアメリカ的であると勘違いしていませんか？

人は十人十色です。自分の考えをはっきりと主張できる人が仕事のできる人でしょうか？　私はむしろ逆だと思います。面接中にオドオドしたり、口下手だったりする人が面接で落とされたりしますが、むしろそういう人たちのほうが心に秘めた情熱を持っているものなのです。

場慣れは経験を積めば解決できますし、口下手はトレーニングで解決できてしまいます。しかし、情熱だけは経験を積んでも、トレーニングしても簡単に身につけることはできません。

私はアメリカで五年間生活していましたが、一般の日本人が思っているように、「自

己主張できる人がいい」と思われているわけではありません。アメリカ人も日本人も同じなのです。一握りの人たちが言ったことだけを信じるのはやめましょう。

面接に必要なのは、その人が心に何を秘めているのかを感じ取ることです。それが分かるように、面接官自身が成長すべきです。

「捨てられない」配付資料をつくる

私が新卒で米・ディズニーワールドに入社したときは、一〇〇人くらいの採用でした。日本でいう新人研修のときの話ですが、全員に研修用の資料が配られました。薄いものは数十ページのものから、厚いものだと一〇〇ページになるものまで、全部で十数冊ほど渡されたのですが、その資料すべてに「MR. Akira YOSHINAKA」と名前が記入されていました。

もちろん私の資料にだけ名前が書いてあったわけではなく、研修に参加した新人全員の資料に、自分の名前がきちんと記入されていたのです。

当時のことですからタイプライターのようなもので名前を打って、それを資料に貼ってあっただけなのですが、これから働く人に対して、そこまでしてくれる気持ちがすごくうれしかったのを覚えています。

このとき私が感じたうれしさを、これから働く人たちにも感じてもらおうと思い、私が研修をする場合には、必ず資料に名前を記入するようにしています。

Hテーマパークの新入社員研修のときも、一人ひとりの資料に名前を記して、「これは○○君の資料、これは○○さんの資料」と、直接渡しました。

受け取った人たちも、まさか自分専用の、自分のためだけにつくられた資料だとは思いませんが、そうしてあげることで、

これから一緒に働く君のために用意したものなんだよ

という一人ひとりに対する思いやりの気持ちを、少しでも伝えられるように努めています。

一般企業では、資料に一人ひとりの名前を書くことなど、はじめからやっていません。もしくは時間がかかる、手間暇がかかる、お金がかかるなどの理由から、「効率化」と称して省いていることでしょう。

しかし、新入社員研修などでは、やはり「これから一緒に働くあなたのためにつくった資料なんだよ」という意志を伝えることが大切だと思います。

社長から届けられるバースデーカード

今でもそうだと思いますが、東京ディズニーランドで働いている人には、準社員と称されるアルバイトと正社員の区別がなく、誕生日には社長のサイン入りのバースデーカードが、自宅に郵送されます。

もちろん、社長が働いている人たち全員の顔を覚えていて、一人ひとりの顔を思い浮かべながら、バースデーカードにサインをしているわけではないと分かってはいても、やはり誕生日にバースデーカードをもらうとうれしいものです。

特に、入社して間もないころに社長からもらうバースデーカードは、ことさらうれしいと思います。たとえ入ったばかりで、社長の顔を思い出せなくても、です。

配付資料に名前を記入したり、バースデーカードを送ったりすることは、直接売り上げに結びつくことではありません。むしろ紙代、印刷代、郵便代、それを準備する人件費などは、数字の上では「無駄な経費」になるのかもしれません。

日本も景気のよかったころは、社員の誕生日を何らかの形で祝っていた企業は多かったと思いますが、不景気の今でも続けている企業は少ないでしょう。

このような予算も、やはり「無駄な経費」としてカットされてしまうものなのでしょうか。社員のほうでも、「景気が悪いから仕方がない」と、納得しているのでしょうか？

むしろ逆で、「景気が悪いからとカットされた。次は自分自身が人件費カットで……」と思っているのではないでしょうか？

少したとえが大げさだと、笑って片づけられればいいのですが。

社員教育の副産物

たとえば、米・ディズニーワールドを辞めた人間が、独立して自分のお店をはじめたとしましょう。そのお店では、間違いなく次のような質問が店長にされるはずです。しかも何度も何度も、お店に来るさまざまな人から。

「米・ディズニーワールドって、本当はどうなの？」

このときに、きちんと教育された仕事のできる人間は、絶対に悪口は言いません。むしろよく言います。実際に働いていた人間が言うのですから、その効果は絶大です。

これは完璧な広報活動です。しかも情報に信頼のある口コミの広報活動ですから、これ以上強力なPRはありません。

これが逆に、悪口だったらどうでしょうか？「実際に働いていた人間が言う悪口」なのですから、これほど信頼性の高い情報はありません。

一緒に協力して何かをしようと思っていた人は、間違いなく止めるでしょう。

トレーニングはこうする！

トレーニングというものは、たとえどんなに簡単なこと、ささいなことでも、働く人たち全員に徹底させることが大事なことです。正社員であろうが、契約社員であろうが、パート、アルバイトにかかわらず、とにかく働く人全員にです。

そのためには、全員ができるまで何度も何度も繰り返すことです。できなかったときは後回しにせず、そのつど徹底的に行うのです。周知徹底させてはじめて、そのトレーニングが終了するのです。

何度も言いますが、トレーニングは徹底して行うことが大事です。できるようになるまで、あきらめずに行うことです。

「できないから」「何度言っても分からないから」とあきらめた時点で、お店側、経営側の負けです。それではお客様が満足するサービスなど、店がつぶれるまで提供できません。

サービスのプロとしての意識を高める

ニューヨークヤンキースに松井秀喜という偉大な野球選手がいます。メジャーリーグは、日本のプロ野球よりも試合数が多く、ときには一日に二試合するときもあります。また、移動距離が日本とは違うので、あらゆる意味で体力的にも精神的にも厳しい状況でシーズンを戦っています。

ですからメジャーリーガーは、ワンシーズンというスパンで戦い方を考え、ときには力を抜いたり、体を休めたりしながら一年を通して戦っています。

間違っても、これが悪いと言っているのではなく、プロとして戦うには普通のことなのです。

しかし松井選手は、「毎日、毎試合全力で戦う」と言って、実際に一年間戦いました。

なぜ、彼はそうしたのでしょうか?

それは、見に来てくれる人のためです。松井選手が見たくて球場に足を運んでくれるファンのためにそうしたのです。

松井選手は、たとえ今日の試合に出なくても、明日の試合に出ることができます。しかし球場に来てくれるファンは、「今日は松井選手が出なかったので、明日の試合を観ます」ということができません。

それこそ年に一回、もしくは何十年に一回の観戦かもしれません。それを楽しみに球場にやって来てくれるファンがいるのに、試合を欠場したり、気を抜いたプレーなどできるわけがない。だから常に全力で戦うというのです。

サービス業に携わる人は、この松井選手を見習うべきです。働いている人たちは、毎日同じサービスを提供しているわけですが、そこに来てくれるお客様の中には、年に一回の楽しみにしている人もいれば、昔を懐かしみながら何十年ぶりにやって来た人なのかもしれません。

そして誰もが「楽しむため」に来ているのですから、その期待を裏切るようなことは、サービスのプロとしてできないはずです。

その期待を裏切らないためにも、期待されている以上のサービスを提供する必要があるのです。そのために必要なのが、徹底した教育とトレーニングなのです。

しかしながら、人はそれぞれ悩みを抱えながら生きています。悩みのない人は一人もいません。嫌なこと、つらいこと、腹立たしいこと、そんな気持ちを抱えながら仕事に出なくてはならないこともあります。しかし、あなたはプロです。制服に着替えて、鏡の前で笑顔をつくったら、さあスタートです！

徹底的にトレーニングを行う

サービス業では、お客様と接する従業員を、言葉遣いはもちろんのこと、身のこなしから歩き方まで、徹底的にトレーニングしなければいけません。

東京ディズニーランドのときのことですが、ある店の売り上げが伸びないのは、分かりづらい場所にあるために集客が少ないことが原因だと判明しました。

そこで、店頭に必ずキャストを一人立たせて、「ここは○○のレストランです」とインフォメーションをするようにトレーニングしました。

話だけを聞くと、すごく簡単なことに思えるでしょう。しかし、これが徹底されたのは半年後でした。

どうしても誰も立っていない時間帯が出てきてしまうのです。実際に働いている彼らがふまじめだったわけではなく、誰も立っていない時間帯は「交代のとき」だったようです。

しかし、その時間帯に何人のお客さんを逃したのでしょうか？　そこに立っていなかったがために、本当はこの店に入りたかったのにわからなくてやめてしまったお客様に対して、どれほど失礼なことをしているのかが分かっていないのです。だから誰も立たない時間帯をつくってしまうのです。

それを見つけるたびに注意し、「なぜ、立つ必要があるのか」をきちんと説明し、全員に浸透させて完全にできるようになったのが半年後なのです。

このような簡単なことでも、そこで働く人すべてに徹底させることがどれだけ大変なことか。さらに働く人が多ければ多いほど、パートやアルバイトのように不定期に働く人が多ければ多いほど難しいことなのです。

このことがトレーナー側で分かっていないと、どんなに簡単でささいなことであっても、いつまでたっても徹底されないのです。

トレーニングは、後のフォローが大切

教育やトレーニングは、現場に出たときに実行されなければ意味がありません。

特に新しく入ってくる人たちは、研修のときに教わったことを、長年働いている先輩たちが何一つ実行していなければ、三日もすれば「研修前」に戻ってしまいます。

特に言葉遣いに関しては、どうしても言い慣れた言い方をしてしまいます。

たとえば、電話の応対に「少々お待ちいただけますでしょうか」という言い方があります。

しかし、丁寧で正しい言い方は「少しお待ちいただけますでしょうか」です。

私がテーマパークプロジェクトを手掛けるときには、必ずこの言い方を徹底させるのですが、周りの誰かが、たとえそれが一人でも「少々」を使ってしまうと、次第に誰も

が「少々」と普段使い慣れている言い方をしはじめてしまうのです。

教育やトレーニングは、その期間が終了したからといってすべてが終わるわけではありません。実際に現場に出てから、現場レベルでのチェックが必要なのです。

そのためにも、トレーニングとして、まずはすでに働いている人たちから徹底してトレーニングを行う必要があります。

トレーニングルームや研修会場が散らかっていたり、床にゴミが落ちていたり、机にコップの跡がついていたりしたらどう感じるでしょうか？ そこで「身だしなみをきちんとしろ」とか、「ゴミを散らかすな」とか言われても、全然説得力がありません。それと同じことなのです。

やってみせて、言って聞かせる

私のような仕事は、どうしても人に助言をしたり、指示を出したりすることがメインの業務になりますから、現場で働いている人たちからは、

「いつも偉そうなことばかり言いやがって……」

と思われてしまうことが多々あります。たとえばこのようなことがありました。

現場を視察していると、レストランの洗い場に多くのお皿が積まれていました。不審に思ったので近づいてみると、慣れていないアルバイトの人が、汗をかきながら必死な形相で仕事をこなしていました。これ以上食器の洗い物が溜まってしまうと、運営に支障をきたす状況でしたので、

「お手伝いします」

と言って、溜まっていたお皿やコップをあっという間に片づけたことがありました。

するとアルバイトの女性の方が、

「すごいね、あんた。この仕事やったことあるんだ！」

と、すごく感心してくれました。

「ええ、実際にやったことがないと、偉そうに教えられませんから」

と、そのときは笑いながら答えました。

ところがその一件がほかの現場にも伝わったようで、私を見る目が変わったのを感じ

ました。私が無理なことを偉そうに言っているだけなのではなく、きちんとしたビジョンのもとで、できることを指示しているのだということを認識してもらえたようです。もちろんその後のトレーニングがスムーズに進んだことは言うまでもありません。

現場の従業員などを束ねるマネジャーや店長といった管理職の人たちの苦労を、私も身にしみて分かっていると思います。言うことを聞いてくれなかったり、思ったように働いてくれない場合は、こちらの意図がきちんと伝わっていないからだと思います。

トレーニング中に適材適所を考える

トレーニングには、ROLL PLAYING（ロール・プレイング）というものがあります。たとえば、キャッシャーのトレーニングでは、まずはレジの取り扱い方法を覚えます。その後に、お金が絡むポジションなので、トラブルにどのように処理するかといったトレーニングを行います。そこでロール・プレイングとして、トレーニングルームにレジ（キャッシュレジスター）を設置し、実際の場面を想定したトレーニングを行います。

人によっては、お客様に急かされると、焦ってお釣りの金額を間違えたりします。トレーニングをしながらも、特にその新人がキャッシャーに向いているか否かの判断をしたりします。

人には得意不得意がありますので、トレーニングしても駄目なときはポジションを変更したりします。これが「キャスティング」と言われるもので、適切なポジションに変更するのです。

このようにキャスティングとトレーニングを同時並行で行うことで、限りある時間を有効に使うこともできるのです。

絶対にお客様をトレーニングに巻き込まない！

ネームタグの意味についてはすでにお話ししましたが、ここではそれとはちょっと違ったネームタグについて考えてみましょう。

みなさんもよく見かける光景だと思いますが、店員のネームタグに「研修生」とか、

「実習中」と書かれていることがよくあります。

このタグは何のためでしょうか？　このタグをつけている本人が「私は一人前ではありません」とお客様に伝えるためにつけているのでしょうか？　それとも、「うちは従業員に対してきちんとトレーニングを行っています。だから素晴らしい接客ができます」という広告的な意味なのでしょうか？

そうではありません。これは「運営側の逃げ口上」なのです。

もし、あなたに接客している店員が何か問題を起こしたとします。そのとき店員のネームタグに「研修中」と書かれていたら、「じゃあ、しょうがないか」とあきらめるのではないでしょうか？　それこそが経営側の策略なのです。

実習生だろうがその道四十年のベテランだろうが、サービスを受けるお客様には一切関係のないことです。「実習生だからサービスが悪いので割引します」というのであれば、まだ話は分かります。しかし、大きなアクシデントでない限り、決して割引はされないはずです。このような逃げ口上を用意したサービスで、お客様を満足させることができているのでしょうか。

トレーニングにも心理学を取り入れる

「大型のスキー場」プロジェクトでのことです。このときは運営方法の構築を含めた施設計画、管理方法、運営方法、マニュアル制作、従業員施設の計画、マネジメント方法構築などの業務を、ホテル二件分と、一〇〇〇席以上のカフェテリア、ファーストフード、ショップなどのプロジェクト業務を実施しました。

地元の若者を中心に採用が行われたので、プロジェクト経験のない人がほとんどでした。そのため、どのようにプロジェクトを進めるかが最初の課題でした。

そこで私のとった方針は、各部署、各店の責任者に対して指示を出さず、あえて提案と助言のみにしました。

システムや方法の決定など、すべての決定に関してアドバイスをしながら、最終的には私が考えている結果に導いていくのですが、あくまでも

自分たちで決定したんだ

という気持ちを持ってもらえるように努めました。

また、マニュアルづくりにしても、基本的な作成方法、アウトラインを示したら、制作そのものは彼らにやってもらい、最終的に仕上げてもらうのです。

なぜ、このような方法をとったかというと、彼ら自身がつくりあげたという気持ちがあれば、オープン後に私がいなくなっても、自分たちで運営方法やレベルの維持をしていけるようになるからです。

一〇〇パーセント徹底され、実行された結果から対処する

実際にその現場で働く責任者、そしてすべての従業員が、「自分たちでつくりあげたんだ」と思えること。そしてそう思ってもらえることが大切です。これができれば、実際に運営していく人たちが自分たちで決めて実行しようとしている方法を破ることなく、

自ら率先して維持していくことができるのです。

また、それができる人たちは、頑なにそのやり方だけを押し通すということはありません。なぜならば、どのような考えでその方法を決定したかということを全員が知っているのですから、それが現状に合致しない場合や、うまくいかない場合は、すすんで改善に取り組むことができるのです。

職場のルールが乱れている場合は、社員が「やらされている、守らされている」と思っているからです。「自分たちでつくりあげたんだ」と思えないことが原因です。

そもそも、今の方法が正しいのか間違っているのかを判断するためには、その方法が全員に徹底されていて、きちんと実行されているのかいないのかを確認しなければいけません。

徹底されていることが確認できてはじめて、今のやり方が間違っていると答えが出せるのです。そして間違いを反省しながら改善策を考えることができるのです。

全社員に徹底・実行されているかを確認せずに、出ている答えが間違っているからといって、頭をひねって改善策を考えたとしても、そもそも答えがあやふやな答えなのですから、いくら考えても適切な改善策は出てきません。

通達文書を考え直す

特に大きな企業になればなるほど、本部から「○○について周知徹底させるように」という通達文書が回ってきます。

あなたの会社にも、「社員各位」からはじまる文書が掲示板などに張り出されていませんか？

このような通達文書は、アルバイトも含め、そこで働いている人全員に徹底されて行わなければ、まったく意味のないただの紙くずになってしまいます。

私の場合は、このような本部からの通達文書をそのままスタッフルームに貼り出すことはさせません。

ところが、このような通達文書は掲示板や目にとまりやすい所（タイムカードの近くとか）に貼って、それで終わりです。一工夫してあったとしても、重要なところにマーカーがついているのが関の山でしょう。しかし、これでは誰も読みませんから、通達された内容が徹底されることはありません。

「なぜ今までと同じやり方なんだ！」
「知りませんでした」
「掲示板に貼ってあるだろ！」
「見てません（読んでません）」

これではまったく意味がありません。そもそも通達文書を貼るだけで周知徹底できるのでしたら、教育もトレーニングも必要ありません。壁中いたるところに大事なことを書いて貼っておけば片づいてしまいます。

通達文書も、単なる「回覧」だと思ってはいけません。これもトレーニングと一緒です。全員に徹底させて、はじめて効果があるのです。

社員教育の落とし穴

有名なチェーン店の社長さんが、

「俺の思いが従業員に伝わらない」「誰も社訓を理解していない」

と嘆いているのを耳にしました。

もちろんその企業は成長著しい企業ですから、社員教育を怠ってはいません。新入社員研修だけでなく、一般的な研修をきちんと行い、教育ビデオやビデオレターを作成したりと、普通の企業に比べれば、熱心に社員教育をしているほうですが、それでも社長の思いが末端の従業員にまで届かないようです。

トップの人間が自分の意志を社員に伝えることは、それほど難しいことではありません。一人ひとりに直接声をかけるだけで十分なのです。

「頑張ってくれよ」「頼りにしてるぞ」

と普段から声をかけるだけで十分です。他にクドクドした説明などいりません。

ウォルト・ディズニーもそうでしたし、東京ディズニーランド初代トップの高橋さんも、自分から従業員に声をかけていました。高橋さんなどは、たとえ二十歳に満たないアルバイトにも、自分から率先して「おはよう。今日も頑張ってね」と声をかけていました。これで十分トップの思いは伝わるのです。

このことが、サービス業で従業員の上に立つ人たちが忘れてはいけないことだと思います。社長に限らず、支社長、支店長、チーフ、店長などすべてにおいてです。

自社やお店の社員教育を見直す前に、まずは自分の行動を見つめ直すことからはじめましょう。答えはもっと身近なところにあるのです。

本部の顔色をうかがう支部

トップの人間が従業員一人ひとりに声をかけることが大事だと言いましたが、最近の飲食チェーン店などでは、本部からマメに偉い人がやってくるところが多いようです。

もちろん、その目的はまったく違うようですが。

よく聞く話が、偉そうにふんぞり返った本部の人間が、まるで「減点ノルマ」のある審査員のように、「あれが悪い、これを直せ」と、細かくチェックしていくようです。

支店のほうでも、そのときだけは「はい、分かりました。直しておきます」と返事をするだけ。積極的には何も改善せず、本部から人が来るたびに「また来たよ、嫌だな」と心の中で思いながらも、本部の顔色をうかがい、言われるがままに仕事をしているようです。

このような環境から、お客様が満足できるようなサービスが生まれてくるでしょうか？

むしろ逆に、「支店からはこのような提案をしているのに、本部は何も動かない」という文句が言えるくらいでないといけません。

ディズニーのように企業理念がきちんと伝えられている飲食チェーンでは、このようなことが頻繁にあるようです。支店では本部から人が来ることを楽しみにしていて、社長や担当の人などが来ると、ここぞとばかりに質問や相談をしたり、新しい提案をしています。

「やった！　あの問題を相談しよう。あと、こんなサービスを提供したらどうか、相談してみよう！」

という雰囲気の支店を全国に持っているチェーン店のサービスが、今後どのように改善されていくかは明らかです。

アルバイトのトレーニングはこうする！

どの業界のどの業種にも、アルバイトで働いている人はたくさんいます。社員教育は正社員だけでなく、アルバイトを含めた働く人間すべてに行わなければ意味がありません。

しかし、実は社員教育の中でも、このアルバイトに対する教育とトレーニングが一番難しいのです。

トレーニングで一番大事なことは、従業員全員に周知徹底させるということを念頭に置きながら、読んでみてください。

まずはアルバイトの定着率を高めることからはじめよう

アルバイトをしたことのある人なら分かると思いますが、バイト先を探すときのことを想像してください。とりあえず働きたい業種から探しはじめると思いますが、最終的には時給の高いところや、通うのに便利なところを選ぶと思います。または自分が行けそうな時間帯で探すでしょう。

しかし辞めるときの理由はどうでしょうか？　「時給が安かった」「やっぱり通うのに不便だった」「勤務できる時間帯に無理があった」という理由では辞めないはずです。アルバイトを辞めるときの九〇パーセント近くが、「楽しくない」「言っていることとやっていることが違う」「人間関係が嫌になった」という理由だと思います。

いくらアルバイトとはいえ、辞められてしまったのでは労働生産性が落ちてしまいます。頻繁にアルバイトが入れ替わっているようでも駄目です。

ですからアルバイトにも、面接のときから「ここで働くと楽しそうだ」「ここで働くと幸せになれそう」というイメージを持ってもらうことが、定着率を高めるために必要なことなのです。

超難関なアルバイトのトレーニング

アルバイトのトレーニングが一番難しいのは事実です。トレーニングで一番重要なことは、「周知徹底」だからです。

アルバイトの人たちは、みな来る日がバラバラです。たとえ同じ日に入ってきたとしても、勤務するローテーションがバラバラですので、トレーニングの進め方も個人個人異なってきます。ですから「周知徹底」させることが難しいのです。

このアルバイトのトレーニングのポイントは、「カルテ」をつくることです。病院のカルテのように、個人個人「トレーニングカルテ」をつくるのです。そこには、

●誰が
●どの内容を

●いつ教えたか

という記録を逐一とります。マネジャーや店長クラスのトレーナーがいなくても、代わりの人がトレーニングできるシステムをつくっておくことが大切です。

ディズニーは、アルバイトだけで三万人くらいの人がいます。アルバイトですから、全員が正社員のように毎日同じ時間に出社するわけではありません。夏季だけ冬季だけというアルバイトもいます。

ちなみに米・ディズニーワールドでは、「私はその件についてはきちんと教わりました」という意味のサインをさせられます。そこまでしないと、アルバイトのトレーニングを徹底して行うことは不可能なのです。

アルバイトへの通達・文書はこうつくる

アルバイトへの文書による通達も注意しなければいけません。

本部からの通達文書などには、アルバイトにとっては不必要な言葉がたくさんあります。社員各位、標記の件などをはじめとする定型の言い回しや、日常生活では使わない文語などです。

このような通達文書をそのままタイムカードの近くに貼り出しても効果がありません。アルバイトへの通達文書は、まずは内容を分かりやすく口頭で伝えます。文書はそのまま使わずに、イラストや写真を使ってわかりやすく書き直します。そして読んだら必ずサインをさせます。もちろん現場で実際にチェックすることも大事です。

一にも二にも、周知徹底をどうさせるかが大事なのです。また、分かったからといって、実際にできるわけではありません。実行されていなかったら、そのつど根気よく教えるのです。

●口頭で説明
●文書による通達
●現場でのチェック

の三段構えできっちり行わない限り、アルバイトへの周知徹底は無理なのです。

教育とトレーニングを徹底させるディズニー

最近では、パートやアルバイトの代わりに、「派遣社員」と呼ばれる人たちを採用する企業が多いようです。

一般的に派遣社員とは、事務、秘書、受付、プログラマーといった「その道のプロ」として派遣されて来る人たちです。その道のプロですから、「すでに十分な教育を受けている人」「教育する必要のない人」たち、つまり即戦力になる人たちです。

採用する企業側でもこのメリットがあるために、教育する必要のある正社員やアルバイトではなく、派遣社員を雇うところが多いようです。

アメリカの両ディズニーパークから日本の運営部門や管理部門に事業協力するために、カウンターパートと呼ばれるパートナーのような人たちが来ています。プロジェクト時には建設、設計、デザイン、メンテナンス、営業、アトラクション、レストラン、教育、エンターテインメント、ショップ、コスチュームなど、すべて合わせると一〇〇〇人近い人たちが日本へ来ていました。

このカウンターパートたちは、「日本支社」の人ではありませんし、海外勤務のスペシャリストでもありませんから、日本語ができる人はほとんどいませんでした。そこで「通訳」が必要になります。

その通訳さんたちは、いわゆる「派遣社員」です。「英語と日本語のスペシャリスト」です。仕事もアメリカの監督官と現場の人たちの会話などを翻訳することがすべてです。ディズニーでは、アルバイトにも教育とトレーニングを施すことは当たり前のことですが、この「派遣社員」と呼ばれる人たちにも、教育とトレーニングを実施しています。

当時は、それこそ一〇〇〇人近い派遣社員の人たちがいました。なかには一日だけの勤務だった人もたくさんいました。

しかし、たとえ勤務するのが一日だけだろうが、数時間であろうが、ディズニーとしての必要最低限の教育を施したのです。

この話を聞いただけでも、いかにディズニーが教育とトレーニングを重要なものだと考え、実行しているかが分かると思います。

伸びるチェーン店

　自宅の近くに、いつも列をなしている焼肉のチェーン店があります。もちろん値段が安いということもあるのですが。客層を見ると家族連れが目立ちます。それも、小学校の低学年以下の子どもたちが。

　するとあるとき、次のようなポスターが店内に張り出されました。

お母さまへ
**　子どもたちは、食事のときに周りを汚してしまうことが仕事のようなものなのです。どうぞ汚されたものは、お気になさらずそのままにしておいてください。**

それは、私たちの仕事です。

　私にも三人の子どもがいますので、すごくうれしく感じるお店側の心づかいです。

　このような文面のポスターは、どのような経緯を経て作成されたのでしょうか。本部からは、このような提案は出てこないでしょう。このような意見は、現場のスタッフから出てきたはずです。

　このように、現場の意見を尊重し、本部はその現場のサポート部隊として迅速にアクションを起こすことが重要なのです。

　このことを頭で理解している企業は多いのに、実際にアクションを起こしていなかったり、うまく機能させられていないのはなぜでしょう？

現場から出てきた意見を中傷したり、「現場のくせに」と、まるで本部スタッフのほうが偉いんだと感じられるような発言や態度がどこかに感じられるのではないでしょうか。ちょっとした本部の発言や態度に対し、現場のスタッフは敏感に反応します。なぜでしょうか？

サービス業は現場が中心であるにもかかわらず、人事権をはじめとする権限は本部が握っているからです。組織としては仕方のないことかもしれません。

いくら現場が中心だと叫んだところで、現場の従業員は組織の権限をよく分かっていますから、本部にはなるべく逆らわずによいイメージを持ってもらいたいと思っている従業員は多いはずです。しかし、これでは企業としての未来は明るくありません。

この焼き肉チェーン店のケースは、本部も現場も、このポスターを制作すること自体が、折り込み広告のように売り上げに直接つながらないことをよく理解しているはずです。

それにもかかわらず、時間と経費を費やしてポスターの作成を決定したこの企業こそ、サービス業では何が必要で、何が重要なのかをきちんと理解していると思います。

この提案の受け入れを決定し、実行に移した企業組織のすばらしさ。現場と本部のコミュニケーションのよさ、働く環境の良さが理解できます。だからこそ、いつも行列ができているのです。このチェーン店が伸びている秘訣の一つが、このポスター一枚に表れているのです。

おわりに

本書執筆にあたっては、次の二つのことに心がけました。

まず、ディズニーランドにまつわることに関しては、すべて当事者、あるいは報道をとおして公表されている事実のみをとりあげており、公表されていない、内部の者のみが知り得ることは、あえて記述していないことです。なぜなら、かつてお世話になり、私の青春を燃やしてくれた母体の内部情報を外部に公開しようという気持ちなど、毛頭ないからです。

そしてもう一つは、これらの公表されている事実を、ディズニーランドでの仕事の体験者である私が、自分の感性と見識をとおして捉え切ろうとしたことです。

同じ公表された事実、ことにサービスの神髄に関して世の中に知られている事実も、これまでの人生の重要な時間を賭けてきた私というフィルターをとおしてご覧いただくことで、生きたサービスの姿をとらえていただくことができるでしょう。

末筆ながら、ここでお力添えいただいたすべての方々に深謝いたします。

おわりに

本書出版の機会を与えてくださった中経出版の安部毅一専務ならびに菊池正英常務、サンピースの工藤義春氏にご尽力頂きました。ここに感謝いたします。

実作業の企画・執筆・編集・制作に関しては、中経出版の奥平恵編集長と大塚康弘氏のお二人、そしてブライトンの小口和昭氏にご尽力頂きました。ありがとうございました。

本書の件も含め、多方面にわたる提案や助言とチャンスを与えてくださっているブライトンの小池太郎氏、菊地伸明氏のお二方、光順商事の佐居博邦氏には、ここであらためて感謝いたします。

そして長きにわたって人生のアドバイスをしてくれている、ここには書き尽くせない先輩、友人、後輩の方々に感謝したい。いつもありがとうございます。

最後に、今回多大な犠牲と我慢を強いてしまった家族と両親に謝り感謝するとともに、いつも楽しく私の話を聞いてくれるトラベルジャーナル旅行専門学校の生徒のみんなにも、心から感謝します。

芳中　晃

〔著者紹介〕

芳中　晃（よしなか　あきら）

昭和28年生まれ。千葉県市川市在住。

東京YMCA国際ホテル学校卒業後、ポールスミス大学（アメリカ・ニューヨーク州）ホテル学部にてAASを取得。同校卒業後、フロリダ国際大学（フロリダ州マイアミ市）ホテルマネジメント学部にてＢＳを取得。大学を卒業後、昭和54年７月に米・ウォルト・ディズニー・ワールドに入社。コンテンポラリーホテル、およびマジックキングダム内においてスーパーバイザー業務を行う。

その後、株式会社オリエンタルランドに入社。東京ディズニーランドの設立前から様々な準備業務や運営に携わる。その後、食堂部主任、および広報室主任などを務める。開園前の３年間は、食堂部の教育・トレーニングとマニュアル作成を手がけた。

オリエンタルランド退社後は、いくつもの大型テーマパークのプロジェクト・マネジメントやレストラン開発などを手がける。トラベルジャーナル旅行専門学校講師も務める。2004年度からは、専門学校日本ホテルスクールでも講座を持つ。

本書の内容についてのお問い合わせ先

メールアドレス　Has33523@snow.odn.ne.jp

ディズニーランドはなぜお客様の心をつかんで離さないのか　（検印省略）

2004年３月18日　第１刷発行
2005年９月２日　第６刷発行

著　者　芳中　晃（よしなか　あきら）
発行者　杉本　惇

発行所　㈱中経出版　〒102-0083
東京都千代田区麹町3の2 相互麹町第一ビル
電話　03(3262)0371（営業代表）
03(3262)2124（編集代表）
FAX 03(3262)6855　振替 00110-7-86836
ホームページ　http://www.chukei.co.jp/

乱丁本・落丁本はお取替え致します。
DTP／エム・エー・ディー　印刷／新日本印刷　製本／三森製本所

ISBN4-8061-1977-6　C2034